공무원 9급 공개경쟁채용 필기시험 모의고사
한국사

제1과목	국어	제2과목	영어	제3과목	한국사
제4과목	행정법총론		제5과목	행정학개론	

응시자 주의사항

1. **시험시작 전 시험문제를 열람하는 행위나 시험종료 후 답안을 작성하는 행위를 한 사람**은 「공무원 임용시험령」 제51조에 의거 **부정행위자**로 처리됩니다.

2. **답안지 책형 표기는 시험시작 전 감독관의 지시에 따라 문제책 앞면에 인쇄된 문제책형을 확인**한 후, 답안지 책형란에 해당 책형(1개)을 '●'로 표기하여야 합니다.

3. **답안은 문제책 표지의 과목 순서에 따라 답안지에 인쇄된 순서에 맞추어 표기**해야 하며, 과목 순서를 바꾸어 표기한 경우에도 **문제책 표지의 과목 순서대로 채점**되므로 유의하시기 바랍니다.

4. 시험이 시작되면 문제를 주의 깊게 읽은 후, **문항의 취지에 가장 적합한 하나의 정답만을 고르며**, 문제내용에 관한 질문은 할 수 없습니다.

5. **답안을 잘못 표기하였을 경우에는 답안지를 교체하여 작성하거나 수정할 수 있으며**, 표기한 답안을 수정할 때는 **응시자 본인이 가져온 수정테이프만을 사용**하여 해당 부분을 완전히 지우고 부착된 수정테이프가 떨어지지 않도록 손으로 눌러주어야 합니다. **(수정액 또는 수정스티커 등은 사용 불가)**

6. **시험시간 관리의 책임은 응시자 본인에게 있습니다.**
   ※ 문제책은 시험종료 후 가지고 갈 수 있습니다.

특별 혜택 및 교재 관련 문의

1. 모바일 자동 채점 + 성적 분석 서비스: 시험지의 QR 코드 스캔
2. 해설 강의: 해커스공무원(gosi.Hackers.com) 접속 후 로그인 ▶ 상단의 [나의 강의실] ▶ 좌측의 [쿠폰등록] ▶ 쿠폰번호 입력
3. 한국사 무료 특강: 해커스공무원(gosi.Hackers.com) 접속 후 로그인 ▶ 상단의 [무료강좌] ▶ 좌측의 [교재 무료특강]
4. 교재 관련 문의: gosi@hackerspass.com / 해커스공무원 사이트(gosi.Hackers.com) 교재 Q&A 게시판 / 카카오톡 플러스 친구 [해커스공무원 노량진캠퍼스]

해커스공무원

제1회 실전모의고사

모바일 자동 채점 + 성적 분석 서비스

※ QR코드를 스캔하여 <모바일 자동 채점 + 성적 분석 서비스>를 활용해 보세요.

문 1. (가) 인물에 대한 설명으로 옳은 것은?

> (가) 의 호는 '면암'으로, 을사늑약이 체결되자 임병찬 등과 함께 의병을 일으켰다. …… 적들은 매우 두려운 마음에 많은 군대를 파견하여 돌격하니 탄환이 빗발쳤다. (가) 은/는 임병찬 등 수십 명과 함께 붙잡혀 대마도로 보내졌는데, 일본인이 준 음식을 거부하며 먹지 않다가 굶어 죽었다.

① 대동강으로 침입한 제너럴셔먼호를 불태웠다.
② 민족 의식을 고취하는 '시일야방성대곡'을 발표하였다.
③ 왜양 일체론을 주장하며 개항 반대 운동을 전개하였다.
④ 『화서아언』에서 프랑스와의 통상을 반대하였다.

문 2. 다음 유물이 주로 사용된 시대에 대한 설명으로 옳은 것을 모두 고른 것은?

> ㉠ 이른 민무늬 토기 - 가락바퀴나 뼈바늘을 이용하여 옷이나 그물을 만들었다.
> ㉡ 슴베찌르개 - 주로 동굴이나 바위 그늘, 강가의 막집에 거주하였다.
> ㉢ 검은 간 토기 - 아직 지배와 피지배 관계가 발생하지 않은 평등 사회였다.
> ㉣ 반달 돌칼 - 청동제 농기구를 사용하여 농업 생산력이 증대되었다.

① ㉠, ㉡
② ㉠, ㉢
③ ㉡, ㉣
④ ㉢, ㉣

문 3. (가)에 대한 설명으로 옳은 것은?

> (가) 을/를 설치하고 삼남·해서·관동의 5도에서 삼수미를 거두어 병사들의 식량으로 삼았다. 삼남은 토지 1결에 쌀 1두 2승을 거두고, 해서와 관동은 쌀 2두 2승을 거두어 호조에 소속시켰다.

① 포수, 사수, 살수로 조직되었다.
② 일본인 교관을 초빙하여 군사 훈련을 받았다.
③ 5군영 중에 가장 마지막에 설치되었다.
④ 국왕의 친위 부대로 수원 화성에 외영을 두었다.

문 4. 다음 사건을 시기순으로 바르게 나열한 것은?

> ㉠ 대가야 멸망
> ㉡ 백제의 사비 천도
> ㉢ 고구려의 서안평 점령
> ㉣ 신라와 백제의 결혼 동맹 체결

① ㉢ - ㉡ - ㉣ - ㉠
② ㉢ - ㉣ - ㉡ - ㉠
③ ㉣ - ㉠ - ㉢ - ㉡
④ ㉣ - ㉢ - ㉠ - ㉡

문 5. 밑줄 친 '이 조약'의 결과로 옳은 것은?

> 지금 너희 대사와 공사가 병력을 이끌고 와 대궐을 포위하여 참정대신을 감금하고 외부대신을 협박해서, 법도와 절차도 갖추지 않고 강제로 이 조약을 체결하게 하여 우리의 외교권을 빼앗았으니, 이것은 공법을 어기어 약속을 지키려 하지 않는 것이다.

① 대한 제국 군대가 해산되었다.
② 서울에 통감부가 설치되었다.
③ 메가타를 재정 고문으로 초빙하였다.
④ 대한 제국의 사법권이 박탈되었다.

문 6. (가)~(라)에 들어갈 내용으로 옳지 않은 것은?

```
○○학교 답사 계획 안내
            <신라의 숨결을 찾아서>
◆ 주제: 신라 역사문화 탐방
◆ 장소 및 일자: 경주, ○○○○년 ○○월 ○○일(금)
◆ 모집 인원: 최대 30명
◆ 답사준비위원회 안내 사항
: 답사준비위원회 위원들은 모둠별로 문화유산 1곳을 조사하여 답사지에서 발표하여 주세요.
```

모둠	문화유산	내용
1	첨성대	(가)
2	천마총	(나)
3	불국사 3층 석탑	(다)
4	분황사 모전 석탑	(라)

① (가) - 천체 관측을 위해 만들었다.
② (나) - 돌무지덧널무덤 양식으로 만들어졌다.
③ (다) - 무구정광대다라니경이 출토되었다.
④ (라) - 신라 하대에 유행한 선종의 영향을 받았다.

문 7. (가), (나) 인물에 대한 설명으로 옳은 것은?

(가) 당시 왕이 신하의 의견을 구하자 상서(上書)하여 이르기를, "우리 태조께서 개국한 이래로 신이 알고 있는 바는 모두 저의 마음속에 기억하고 있습니다. 이제 5대 조정에서 정치와 교화가 잘되었거나 잘못된 사적을 기록하여 본받을 만하고 경계할 만한 것을 조목별로 아뢰고자 합니다."

(나) 벗들 사이에 오고 간 편지 조각들을 이어 붙인 다음, 기억나는 대로 그 종이 뒤에다 적고서 그 끝에다 『역옹패설』이라고 쓴다. 내가 벼슬아치가 된 뒤 스스로 벼슬에서 물러나 어리석은 본성을 지키기 위해 호를 '역옹'이라 하였다. 어려서는 글을 조금 읽을 줄 알았으나 이제는 늙어 버렸다. 너저분한 글을 즐겨 써놓았지만, 내용이 없고 비천하기만 하였다. 그래서 그 기록한 것을 이름하여 패설(稗說)이라고 하였다.

① (가) - '해동공자'라 불렸으며 9재 학당을 설립하여 인재를 양성하였다.
② (나) - 원나라에 다녀온 뒤 성리학을 우리나라에 처음 소개하였다.
③ (가) - 단군 조선을 시작으로 역사를 서술한 『제왕운기』를 저술하였다.
④ (나) - 태조에서 숙종 때까지 역대 임금의 치적을 정리한 『사략』을 저술하였다.

문 8. 밑줄 친 '이 법'에 대한 설명으로 옳지 않은 것은?

좌의정 이원익의 건의로 이 법을 비로소 시행하여 백성의 토지에서 미곡을 거두어 서울로 옮기게 했는데, 먼저 경기에서 시작하고 …… 우의정 김육의 건의로 충청도에도 시행하게 되었으며, 황해도 관찰사 이언경의 상소로 황해도에도 시행하게 되었다.

① 방납의 폐단을 개선하기 위해 실시되었다.
② 이를 관리하는 기관으로 선혜청이 설치되었다.
③ 재정 감소분을 결작, 선무군관포 등으로 보충하였다.
④ 관청에 물품을 조달하는 공인이 등장하는 계기가 되었다.

문 9. (가), (나) 시기에 있었던 사실로 옳은 것은?

	(가)	(나)	
거문도 사건 발발		아관 파천	을사늑약 체결

① (가) - 서대문에서 청량리 사이의 전차 운행이 시작되었다.
② (나) - 고딕 양식 건축물인 명동 성당이 완공되었다.
③ (가) - 근대식 무기 제조 공장인 기기창이 설립되었다.
④ (나) - 우리나라 최초의 서양식 극장인 원각사가 건립되었다.

문 10. (가) 왕에 대한 설명으로 옳은 것은?

무예가 죽자, 그의 아들 (가) 이/가 왕위에 올라 연호를 대흥으로 고치니, 현종은 왕 및 도독을 세습하라는 조서를 내렸다. …… (가) 이/가 도읍을 상경으로 옮기니, 옛 도읍에서 3백리 떨어진 홀한하의 동쪽이다.

① 해동성국이라고 불릴 만큼 전성기를 이루었다.
② 불교의 이상적인 군주인 전륜성왕이라 자처하였다.
③ 장문휴를 보내 당의 산둥 반도를 공격하게 하였다.
④ 고구려 유민과 말갈족을 이끌고 동모산에 도읍을 정하였다.

문 11. 다음 담화문이 발표된 정부 시기의 사실로 옳은 것은?

> 본인은 현행 헌법에 따라 내년 본인의 임기 만료와 더불어 후임자에게 정부를 이양할 것을 천명하는 바입니다. 이와 함께 본인은 평화적인 정부 이양과 서울 올림픽이라는 양대 국가사를 성공적으로 치르기 위해서 국론을 분열시키고 국력을 낭비하는 소모적인 개헌 논의를 지양할 것을 선언합니다.

① 삼백 산업이 발달하였다.
② 중고생의 두발과 교복 자율화를 실시하였다.
③ 국제 통화 기금(IMF)의 지원금을 조기 상환하였다.
④ 친일 반민족 행위 진상 규명 위원회가 조직되었다.

문 12. (가) 시기에 발생한 사실로 옳은 것은?

```
2·8 독립 선언 발표
       ↓
      (가)
       ↓
   정우회 선언 발표
```

① 여성 운동 단체인 근우회가 조직되었다.
② 이봉창이 일왕 히로히토에게 폭탄을 투척하였다.
③ 독립군 연합 부대가 봉오동 전투에서 승리하였다.
④ 군사 양성 기관인 대조선 국민 군단이 창설되었다.

문 13. 다음과 같이 주장한 인물에 대한 설명으로 옳은 것은?

> 이 싸움에서 묘청 등이 패하고 김부식이 승리함으로써 조선의 역사는 사대적·보수적·속박적 사상, 즉 유교 사상에 굴복되고 말았다. 만일 이와 반대로 김부식이 패하고 묘청 등이 이겼다면 조선사는 독립적·진취적 방향으로 나아갔을 것이니 이 사건을 어찌 1000년 동안의 제일 대사건이라 하지 않겠는가?

①『독사신론』을 저술하였다.
② 진단 학회의 결성을 주도하였다.
③ 식민 사학의 정체성론을 반박하였다.
④ 국가의 구성 요소를 국혼과 국백으로 나누었다.

문 14. 밑줄 친 '그'에 대한 설명으로 옳은 것은?

> 이준이 국내에서 광무 황제의 비밀 칙령을 가지고 와서 직접 헤이그 평화 회의에 참석할 것을 상의하자 그는 의기가 북받쳐 분하고 슬픈 마음으로 그 뜻을 따랐다. 이에 바로 이준과 시베리아를 거쳐 러시아 수도에 도착하였고, 이위종을 만나 일의 진행을 자세히 상의하였다. …… 합방 조약 소식이 밖에서 들려왔다. 그는 유인석, 김학만 등과 성명회를 조직하였는데, 단체의 이름은 저들의 죄를 소리치고 우리의 원통함을 울린다는 의미였다.

① 독립 운동 단체인 경학사를 조직하였다.
② 민족 교육 기관인 서전서숙을 설립하였다.
③ '삼균주의'에 입각한 한국 국민당을 결성하였다.
④ 서양 근대 문물을 소개한『서유견문』을 저술하였다.

문 15. 밑줄 친 '왕'에 대한 설명으로 옳은 것은?

> 신 서거정 등이 삼국 시대부터 지금에 이르기까지 사(辭), 부(賦), 시(詩), 문(文) 등 여러 문체를 수집하여 이 중 문장과 이치가 바르거나 교화에 도움이 되는 것을 취하고 분류하여 130권으로 정리하여 올리자, 왕께서는『동문선』이라고 이름을 내리셨습니다.

① 6조 직계제를 부활시켜 왕권을 강화하였다.
② 압록강과 두만강 지역에 4군 6진을 설치하였다.
③ 주자소를 설치하고 구리로 계미자를 주조하였다.
④ 조선의 기본 법전인『경국대전』을 완성·반포하였다.

문 16. 다음 소설이 쓰여진 시기의 문화에 대한 설명으로 옳지 않은 것은?

> 정선 고을에 한 양반이 살고 있었다. 그러나 그 양반은 워낙 집이 가난해서 해마다 나라에서 관리하는 양곡을 꾸어다 먹었는데 그렇게 여러 해를 지내다 보니 어느덧 관가에서 빌려 먹은 양곡이 1,000석이 다 되었다. …… 관찰사가 양곡을 갚지 못한 양반을 옥에 가두라고 하자 양반의 아내는 이렇게 푸념을 늘어놓기까지 했다. "당신은 평생 글을 읽기만 좋아하고 꾸어다 먹은 양곡을 갚을 방법을 생각하지 않으니 참으로 딱한 노릇입니다. 항상 '양반 양반'만 찾아 대더니 그 양반이란 것은 결국 한 푼 값어치도 못 되는 것이 아니겠어요?"

① 중인층이 시사를 조직하여 문학 활동을 전개하였다.
② 평민의 감정을 솔직하게 표현한 사설시조가 유행하였다.
③ 화엄사 각황전, 법주사 팔상전 등의 건축물이 건립되었다.
④ 민간에 떠도는 한담을 모은 『필원잡기』가 편찬되었다.

문 17. 다음 사건 이후에 전개된 사실로 옳지 않은 것은?

> 이자겸과 척준경이 궁궐을 불태웠다. …… 왕을 위협하여 남궁으로 거처를 옮기고, 안보린·최탁·권수·고석 등 17인을 죽였다. 이 외에도 죽인 군사가 헤아릴 수 없을 정도였다.

① 쌍성총관부를 공격하여 철령 이북 지역을 수복하였다.
② 박위가 왜구의 소굴인 쓰시마 섬을 공격하였다.
③ 동북 지역에 설치한 9개의 성을 여진에 돌려주었다.
④ 몽골에 저항하던 고려 정부가 개경으로 환도하였다.

문 18. 다음 취지서를 발표한 운동에 대한 설명으로 옳은 것은?

> 민중의 보편적 지식은 보통 교육으로 능히 수여할 수 있으나 깊은 지식과 학리는 고등 교육에 기대하지 아니하면 불가할 것은 설명할 필요도 없거니와 사회 최고의 비판을 구하며 유능한 인물을 양성하려면 최고 학부의 존재가 가장 필요하도다.

① 일제의 관세 철폐 정책에 대항하였다.
② 사립 학교령을 공포하는 계기가 되었다.
③ 신간회에서 진상 조사단을 파견하였다.
④ 이상재 등을 중심으로 모금 운동을 전개하였다.

문 19. 조선 시대의 향교에 대한 설명으로 옳은 것은?
① 흥선 대원군에 의해 대부분 철폐되었다.
② 양인뿐만 아니라 천민도 입학할 수 있었다.
③ 군현의 규모와 인구 비례로 정원을 배정하였다.
④ 성적 우수자에게는 문과의 초시를 면제해 주었다.

문 20. (가) 시기에 있었던 사실로 옳은 것은?

> 유엔 총회에서 인구 비례에 따른 남북한 총선거를 실시할 것을 결정하였다.
> ↓
> (가)
> ↓
> 제헌 국회에서 대한민국의 헌법이 제정되었다.

① 반민족 행위 특별 조사 위원회가 설치되었다.
② 귀속 재산 처리를 위한 귀속 재산 처리법이 제정되었다.
③ 이승만이 정읍에서 남한의 단독 정부 수립을 주장하였다.
④ 김구의 '삼천만 동포에게 읍고함'이라는 글이 발표되었다.

제2회 실전모의고사

※ QR코드를 스캔하여 <모바일 자동 채점 + 성적 분석 서비스>를 활용해 보세요.

문 1. 밑줄 친 '이 왕'에 대한 설명으로 옳은 것은?

> 선왕이 왜병을 진압하고자 감은사를 처음 창건하려 했으나, 끝내지 못하고 죽어 바다의 용이 되었다. 뒤이어 즉위한 이 왕이 공사를 마무리하였다. 금당 돌계단 아래에 동쪽을 향하여 구멍을 하나 뚫어 두었으니, 용이 절에 들어와서 돌아다니게 하려고 마련한 것이다. 선왕의 유언에 따라 유골을 간직해 둔 곳은 대왕암이라고 불렀다.

① 당나라를 몰아내고 삼국 통일을 완수하였다.
② 관리에게 지급하는 녹읍을 부활시켰다.
③ 김흠돌의 반란을 진압하고 왕권을 강화하였다.
④ 관리들이 지켜야 할 덕목을 담은 『백관잠』을 지었다.

문 2. (가) 인물에 대한 설명으로 옳은 것은?

> 왕이 전교하기를 " (가) 은/는 세조 때 과거에 합격하였고, 성종 때는 오랫동안 시종의 자리에 있었다. 그러나 지금 (가) 의 제자 김일손이 찬수한 사초 내에 부도덕한 말로 선왕조의 일을 터무니없이 기록하였으니 대간, 홍문관 등으로 하여금 형을 의논하도록 하였다." …… 정문형 등이 의논하여 (가) 의 말은 극히 도리에 맞지 않으니 마땅히 대역의 죄로 부관참시를 하는 것이 합당하다고 아뢰자 왕이 이에 따랐다.

① 현량과의 실시를 주장하였다.
② 성리학 입문서인 『입학도설』을 저술하였다.
③ 「조의제문」을 지어 세조의 왕위 찬탈을 비판하였다.
④ 우리나라 최초의 한문 소설집인 『금오신화』를 저술하였다.

문 3. 시대별 교육 기관에 대한 설명으로 옳은 것을 모두 고른 것은?

> ㉠ 고려의 국자감은 유학부와 기술학부로 구성되었다.
> ㉡ 조선은 지방에 4부 학당을 두어 유생들을 교육하였다.
> ㉢ 동문학은 통역관을 양성하는 외국어 교육 기관이다.
> ㉣ 원산 학사는 교육 입국 조서 반포에 따라 설립된 관립 학교이다.

① ㉠, ㉢
② ㉠, ㉣
③ ㉡, ㉢
④ ㉡, ㉣

문 4. 다음 사건을 일으킨 단체에 대한 설명으로 옳은 것은?

> 김익상이 일본인 노동자로 행세하며 조선 총독부에 들어가서 2층으로 올라가 비서과와 회계과를 향하여 폭탄을 던지니, 그 소리가 천지를 흔들었다. …… 그는 우리나라 사람이 하는 여관에 들어가면 반드시 수색이 있을 것이라고 여겨 일본 요리점으로 갔다. 철공의 옷을 사서 변장하고 열차로 평양으로 가서 며칠을 보낸 다음 다시 북경으로 향하였다.

① 구미 위원부를 설치하여 외교 활동을 전개하였다.
② 침체된 임시 정부에 활력을 불어넣기 위해 조직되었다.
③ 삼원보에 신흥 강습소를 설립하여 독립군을 양성하였다.
④ 단원 일부가 황포 군관 학교에 입학하여 군사 훈련을 받았다.

문 5. 다음과 같이 주장한 인물에 대한 설명으로 옳은 것은?

> 정(定)은 본체이고 혜(慧)는 작용이다. 작용은 본체를 바탕으로 해서 있게 되므로 혜가 정을 떠나지 않고, 본체는 작용을 가져오게 하므로 정은 혜를 떠나지 않는다. 정은 곧 혜인 까닭에 허공처럼 텅 비어 고요하면서도 항상 거울처럼 맑아 영묘하게 알고, 혜는 곧 정이므로 영묘하게 알면서도 허공처럼 고요하다.

① 귀법사의 초대 주지로 화엄 사상을 정비하였다.
② 불교계를 개혁하기 위해 수선사 결사를 제창하였다.
③ 원으로부터 선종의 일파인 임제종을 들여와 전파시켰다.
④ 불교 자료를 수집하여 『신편제종교장총록』을 편찬하였다.

문 6. 밑줄 친 '왕' 대의 사실로 옳은 것은?

> 대군이 압록강을 건너서 위화도에 머물렀다. …… 이성계가 여러 장수들에게 말하기를 "내가 글을 올려 군사를 돌이킬 것을 청하였으나 왕도 살피지 아니하고, 최영도 늙고 정신이 혼몽하여 듣지 않았다." …… 이성계가 군사를 돌이켰다는 소식을 듣고는 다투어 서로 모여 밤낮으로 달려서 이르게 된 사람이 천여 명이나 되었다.

① 동녕부와 탐라총관부가 고려에 반환되었다.
② 신돈을 등용하여 전민변정도감을 운영하였다.
③ 군사 통솔 기관인 삼군도총제부가 설치되었다.
④ 청주 흥덕사에서 『직지심체요절』이 간행되었다.

문 7. 조선 시대의 신분 제도에 대한 설명으로 옳지 않은 것은?

① 천민의 대다수를 차지한 노비는 재산으로 취급되었다.
② 공노비에게 유외잡직이라는 벼슬이 주어지기도 하였다.
③ 양반의 첩에게서 태어난 서얼은 관직에 진출할 수 없었다.
④ 신량역천은 법제상 양인에 속하였지만 천역을 담당하였다.

문 8. 밑줄 친 '개화당'이 발표한 개혁안의 내용으로 옳은 것은?

> 개화당의 실패는 우리에게 매우 애석한 일이다. …… 일류 수재들이 일본인에게 이용당해 그처럼 크나큰 착오를 저질렀으니 참으로 애석한 일이라고 하였다. 어찌 일본인이 진심으로 김옥균을 성공하게 하고, 성의 있게 조선의 운명을 위해 노력하겠는가?

① 7종의 천인 대우를 개선하고 백정이 쓰는 평량갓은 없앤다.
② 총명한 젊은이들을 파견하여 외국의 학술, 기예를 견습시킨다.
③ 국가 재정은 탁지부에서 전담하고 예산과 결산은 인민에게 공포한다.
④ 흥선 대원군을 귀국시키고 종래 청에 행하던 조공의 허례를 폐지한다.

문 9. 다음 원칙이 발표된 시기를 연표에서 옳게 고른 것은?

> 조선의 좌·우 합작은 민주 독립의 단계요, 남북 통일의 관건인 점에서 3천만 민족의 지상 명령이며 국제 민주화의 필연적 요청이었음에도 불구하고 저간의 복잡 다단한 내외 정세로 오랫동안 파란곡절을 거듭해 오던 바, 드디어 …… 좌익의 5원칙과 우익의 8원칙을 절충하여 다음과 같은 7원칙을 결정하였다.

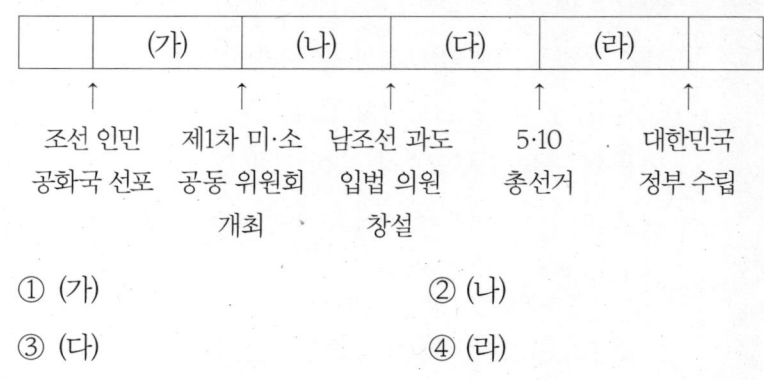

① (가)
② (나)
③ (다)
④ (라)

문 10. (가)~(라)에 들어갈 내용으로 옳지 않은 것은?

> <한국사 탐구 수업>
> 조선 전기의 대외 관계
> 다음 한국사 탐구 수업에서는 각 모둠이 아래의 빈칸 내용을 조사한 후 발표하는 시간을 가져볼 것입니다. 각 조별로 아래 빈 칸에 들어갈 한 문장과 20분 정도의 발표 내용을 준비해 주세요.
>
> | 국가 | 대외 관계 |
> | --- | --- |
> | 명 | (가) |
> | 여진 | (나) |
> | 일본 | (다) |
> | 류큐 | (라) |
>
> 일시: ○○○○년 ○○월 ○○일

① (가) - 하정사, 성절사 등을 파견하였다.
② (나) - 경성과 경원에 무역소를 설치하였다.
③ (다) - 북평관을 설치하여 사절을 맞이하였다.
④ (라) - 불경, 유교 경전, 범종 등을 전해주었다.

문 11. 다음 자료에 나타난 시기의 가족 제도에 대한 설명으로 옳은 것은?

> 직한림 이규보는 돌아가신 장인 대부경 진공의 영전에 제사를 올립니다. 저는 어려서 아버지를 여의고 가르침을 받을 분이 없었습니다. 공에게 오자 친히 가르치고 격려하셨으니 분발해서 사람이 된 것은 공의 도움 덕분이었습니다. …… 아! 장인이시여, 저를 돈독하게 대우하시고 필요한 것을 마련해 주셨는데 저를 두고 돌아가시니 앞으로 누구에게 의지하겠습니까.

① 부모의 재산은 아들과 딸의 구분 없이 골고루 분배되었다.
② 부계 위주의 족보가 편찬되었고 동성 마을을 형성하였다.
③ 여성은 비교적 자유롭게 재가할 수 있었지만 호주가 될 수 없었다.
④ 결혼할 때 여성이 데려온 노비에 대한 소유권은 남편에게 귀속되었다.

문 12. (가) 인물에 대한 설명으로 옳은 것은?

> 수나라의 장수는 평양성이 험하고 견고하여 당장 함락시키기 어렵다고 생각하였다. 그래서 거짓 항복이라도 받은 것을 기회 삼아 돌아가기로 하고 행군하여 살수에 이르렀다. 절반쯤 강을 건넜을 때, (가) 이/가 군사를 보내 후군을 공격하니 수나라의 군대가 한꺼번에 허물어졌다.

① 천리장성의 축조를 감독하였다.
② 적장 우중문에게 5언시를 보냈다.
③ 정변을 일으켜 보장왕을 옹립하였다.
④ 비담, 염종 등이 일으킨 반란을 진압하였다.

문 13. 다음 사건을 발생한 순서대로 나열한 것은?

> ㉠ 중국군의 공세로 서울을 다시 빼앗겼다.
> ㉡ 소련이 휴전을 제의하면서 휴전 회담이 시작되었다.
> ㉢ 유엔군과 국군이 인천 상륙 작전을 전개하였다.
> ㉣ 이승만 정부가 반공 포로 석방 조치를 실행하였다.

① ㉠ - ㉢ - ㉡ - ㉣
② ㉠ - ㉢ - ㉣ - ㉡
③ ㉢ - ㉠ - ㉡ - ㉣
④ ㉢ - ㉠ - ㉣ - ㉡

문 14. (가) 시기에 있었던 사실로 옳은 것은?

	(가)	
『속대전』 편찬		홍경래의 난

① 우리나라 최초의 신부인 김대건이 순교하였다.
② 용골산성에서 정봉수가 의병을 이끌고 항전하였다.
③ 창덕궁에 명나라 신종을 기리는 대보단이 설치되었다.
④ 신해통공으로 육의전을 제외한 시전의 금난전권이 폐지되었다.

문 15. 1910년대에 일제가 실시한 경제 정책으로 옳은 것을 모두 고른 것은?

> ㉠ 신은행령을 공포하여 은행 설립 및 운영을 제한하였다.
> ㉡ 회사령을 제정하여 회사의 설립을 총독의 허가제로 규정하였다.
> ㉢ 조선 임야 조사령을 제정하여 임야를 국유지로 강제로 편입시켰다.
> ㉣ 소작 쟁의를 조정·억제하기 위해 조선 소작 조정령을 발표하였다.

① ㉠, ㉡
② ㉠, ㉢
③ ㉡, ㉢
④ ㉡, ㉣

문 16. 밑줄 친 '이 나라'의 사회 모습으로 옳은 것은?

> 이 나라의 관직에는 16품이 있었다. 좌평은 1품, 달솔은 2품, 은솔은 3품, …… 좌군은 14품, 진무는 15품, 극우는 16품이다. 은솔 이하의 관직에는 정원이 없고 각각 부서를 두어 여러 가지 사무를 분담하였다.

① 경당에서 청소년에게 글과 활쏘기를 가르쳤다.
② 정사암 회의를 통해 국가의 중대사를 결정하였다.
③ 진대법을 실시하여 빈민에게 곡식을 빌려주었다.
④ 골품에 따라 관등이나 관직 승진에 제한이 있었다.

문 17. 밑줄 친 '나'에 대한 설명으로 옳은 것은?

> 내가 이토 히로부미를 죽인 것도 전에 말한 바와 같이 의병 중장의 자격으로 한 것이지 결코 자객으로서 한 것은 아니다. …… 나는 한국의 의병 중장의 자격으로서 그를 제거한 것이다. 내가 잘못하여 범행을 저질렀다고 하지만 그것은 결코 잘못된 일이 아님을 주장하는 바이다.

① 산포수들을 모아 의병을 구성하였다.
② 샌프란시스코에서 흥사단을 조직하였다.
③ 동양 척식 주식회사에 폭탄을 투척하였다.
④ 감옥 안에서 『동양평화론』을 집필하였다.

문 18. 다음과 같이 주장한 인물의 저술로 옳은 것은?

> 검소하다는 것은 물건이 있어도 남용하지 않는 것을 말하는 것이지 자신에게 물건이 없다 하여 스스로 단념하는 것을 말하는 것이 아니다. 지금 우리나라 안에는 구슬을 캐는 집이 없고 시장에 산호 따위의 보배가 없다. 또 금과 은을 가지고 가게에 들어가도 떡을 살 수 없는 형편이다. …… 이것은 물건을 이용하는 방법을 모르기 때문이다. 이용할 줄 모르니 생산할 줄 모르고, 생산할 줄 모르니 백성은 나날이 궁핍해지는 것이다.

① 『북학의』
② 『해동농서』
③ 『목민심서』
④ 『의산문답』

문 19. 밑줄 친 '문서'에 대한 설명으로 옳지 않은 것은?

> 서원경 부근 사해점촌을 비롯한 4개 촌락에 대한 문서로 '신라 장적'이라고도 한다. 각 촌락의 인구 수, 토지 면적, 소와 말의 수, 뽕나무의 수 등이 기록되어 있으며 호(戶)는 9등급으로 구분하여 파악하였다.

① 1933년에 일본 도다이사 쇼소인에서 발견되었다.
② 인구는 역에 동원되는 남자의 숫자만 파악하였다.
③ 호구와는 달리 전답 면적의 증감은 기록되어 있지 않다.
④ 촌주가 변동 사항을 매년 조사하여 3년마다 작성하였다.

문 20. (가) 지역에서 전개된 민족 운동으로 옳은 것은?

> 3·1 운동을 계기로 여러 지역에서 임시 정부가 수립되었다. 여러 임시 정부는 통합을 논의하였고, 1919년 9월 (가) 에서 이승만을 대통령, 이동휘를 국무총리로 하는 대한민국 임시 정부가 수립되었다. 대한민국 임시 정부는 최초로 민주 공화제를 채택하였으며, 삼권 분립의 원칙에 따라 입법 기관인 임시 의정원, 행정 기관인 국무원, 사법 기관인 법원을 구성하였다.

① 국권 회복을 위해 해조신문을 발간하였다.
② 신규식 등의 주도로 동제사가 조직되었다.
③ 독립군 양성 기관인 숭무 학교가 설립되었다.
④ 유학생들이 중심이 되어 2·8 독립 선언을 발표하였다.

제3회 실전모의고사

문 1. 다음 설명에 해당하는 문화유산으로 옳은 것은?

> 이 건물은 처마를 받치기 위한 공포를 기둥 위에만 올린 주심포 양식의 고려 시대 건축물로, 지붕의 형태는 팔작 지붕이다. 배흘림 기둥 양식으로 세워졌으며, 건물 내부에는 통일 신라의 전통 양식을 계승한 소조 아미타여래 좌상이 있다.

① 안동 봉정사 극락전
② 예산 수덕사 대웅전
③ 영주 부석사 무량수전
④ 사리원 성불사 응진전

문 2. (가), (나) 국가에 대한 설명으로 옳은 것은?

> (가) 의복은 흰색을 숭상하며 흰 베로 만든 큰 소매 달린 도포와 바지를 입고 가죽신을 신는다. …… 옛 풍속에 가뭄이나 장마가 계속되어 오곡이 익지 않으면 그 허물을 왕에게 돌려 '왕을 바꿔야 한다'거나 '죽여야 한다'라고 하였다.
> (나) 나라마다 각각 장수가 있어서, 세력이 강대한 사람은 스스로 신지라 하고, 그 다음은 읍차라고 하였다. 항상 5월이면 씨 뿌리기를 마치고 귀신에게 제사를 지낸다. 떼를 지어 모여서 노래와 춤을 즐기며 술 마시고 노는 데 밤낮을 가리지 않는다. …… 10월에 농사일을 마친 후에도 이렇게 한다.

① (가) - 죄를 지은 사람이 소도에 들어가면 잡아가지 못하였다.
② (나) - 신랑이 처가에 지은 서옥에 머무르는 혼인 풍습이 있었다.
③ (가) - 가축의 이름을 딴 마가, 우가, 저가, 구가 등이 있었다.
④ (나) - 사람이 죽으면 가매장한 다음 뼈만 추려 목곽에 안치하였다.

문 3. 밑줄 친 '왕' 재위 시기의 사실로 옳은 것은?

> 왕이 관산성을 공격하였다. 각간 우덕과 이찬 탐지 등이 맞서 싸웠으나 전세가 불리하였다. 신주의 김무력이 주의 군사를 이끌고 나가서 교전하였는데, 비장인 삼년산군의 고간 도도가 급히 쳐서 왕을 죽였다.

① 도읍을 금강 유역의 웅진으로 옮겼다.
② 노리사치계가 왜에 불상과 불경을 전하였다.
③ 지방에 22개의 담로를 두고 왕족을 파견하였다.
④ 고구려의 남진 정책에 맞서 눌지 마립간과 나·제 동맹을 맺었다.

문 4. (가) 단체에 대한 설명으로 옳은 것은?

> 풍기 광복단과 조선 국권 회복단의 일부 인사가 연합하여 박상진, 채기중 등을 중심으로 대구에서 (가) 이/가 조직되었다. (가) 은/는 군대식 조직을 갖추고 군자금을 모아 만주에 무관 학교를 설립하려고 하였으며, 행형부를 조직하여 일본인 고위 관리와 한인 반역자를 처단하였다.

① 공화제 국가 수립을 지향하였다.
② 고종의 비밀 지령을 받아 조직되었다.
③ 비밀 행정 조직으로 연통제를 운영하였다.
④ 「조선혁명선언」을 활동 지침으로 삼았다.

문 5. (가)~(라)에 대한 설명으로 옳지 않은 것은?

> (가) 『일성록』   (나) 『승정원일기』
> (다) 『의궤』   (라) 『조선왕조실록』

① (가) - 정조가 세손 시절부터 쓴 일기에서 유래하였다.
② (나) - 왕의 비서 기관에서 취급한 문서와 왕의 일과 등이 기록되었다.
③ (다) - 이두와 차자 및 우리의 고유한 한자어 연구에 귀중한 자료이다.
④ (라) - 왕은 국정을 추진하는 데 참고하기 위해 자유롭게 열람할 수 있었다.

문 6. (가), (나)에 들어갈 이름을 바르게 연결한 것은?

> (가) 은/는 길모어 등과 육영 공원에서 학생들을 가르쳤으며, 세계 지리서인 『사민필지』를 저술하였다. 또한 고종에게 네덜란드 헤이그에서 열리는 제2차 만국 평화 회의에 특사를 파견할 것을 건의하였다. 한편, (나) 은/는 영국 데일리메일의 특파원으로 내한하여 양기탁과 함께 대한매일신보를 창간하였으며 이후 을사늑약 체결의 부당함을 알리는 등의 항일 언론 활동을 전개하였다.

　　　　(가)　　　　　　(나)
① 헐버트　　　　　　베델
② 헐버트　　　　　　알렌
③ 아펜젤러　　　　　알렌
④ 아펜젤러　　　　　베델

문 7. 조선 후기 과학 기술의 발달에 대한 설명으로 옳지 않은 것은?

① 김육 등의 건의로 서양식 역법인 시헌력이 채택되었다.
② 지석영은 제너의 종두법을 우리나라에 처음 소개하였다.
③ 최한기는 『지구전요』에서 지구의 자전과 공전을 주장하였다.
④ 박연은 훈련도감에 소속되어 서양식 대포의 제조법을 가르쳤다.

문 8. (가), (나) 사이의 시기에 있었던 사실로 옳은 것을 모두 고른 것은?

> (가) 손인사, 유인원과 김법민은 육군을 거느리고 나아가고, 유인궤와 부여융은 수군과 군량을 실은 배를 거느리고, 백강으로 가서 육군과 합세하여 주류성으로 갔다. 백강 어귀에서 왜국 병사를 만나 네 번 싸워서 모두 이기고 그들의 배 4백 척을 불살랐다.
> (나) 당의 이근행이 군사 20만 명을 거느리고 매소성에 주둔하였다. 우리 군사가 공격하여 쫓아 버리고 말 3만여 필과 병장기를 노획하였다.

> ㉠ 당이 웅진 도독부를 설치하였다.
> ㉡ 부여융과 문무왕이 취리산에서 회맹을 맺었다.
> ㉢ 신라가 안승을 보덕국의 왕으로 책봉하였다.
> ㉣ 신라가 기벌포에서 당군을 크게 물리쳤다.

① ㉠, ㉡
② ㉠, ㉣
③ ㉡, ㉢
④ ㉢, ㉣

문 9. 밑줄 친 '왕'의 재위 시기의 사실로 옳은 것은?

> 노비를 상세히 조사하고 살펴서 옳고 그름을 따져 밝혀내도록 명하였다. 주인을 배반하는 노비들이 이루 다 셀 수가 없을 정도였다. 이로 말미암아 주인을 능멸하는 풍조가 크게 일어나 사람들이 모두 탄식하고 원망하므로 왕비가 간절하게 간언하였으나, 왕이 받아들이지 않았다.

① 최승로가 건의한 시무 28조를 수용하였다.
② 광군을 조직하여 거란의 침입에 대비하였다.
③ 빈민을 구제하기 위한 기구로 흑창을 설치하였다.
④ 광덕, 준풍 등의 독자적인 연호를 사용하였다.

문 10. 다음 취지서를 발표한 단체에 대한 설명으로 옳은 것은?

> 지금 우리나라는 삼천리 영토가 흠이 없고 2000만 민족이 스스로 살고 있으니, 만약 자강을 위해 분발하여 서로 협력하면 부강하게 되어 국권을 회복할 수 있을 것이다. 백성을 깨우치고 국력을 양성할 방법은 오직 교육과 산업의 발달이지 않겠는가? …… 전국의 뜻있는 사람이라면 국권을 회복하고자 하는 마음이 북받치지 않겠는가. 주저하지 말고 이 열정에 함께 하여 속히 자강과 국권 회복을 위해 분발하면 대한 독립의 기초가 이로부터 시작될 것이니 어찌 온 나라의 행복이 아니겠는가.

① 태극 서관을 설립하여 서적을 출판하였다.
② 송수만, 심상진 등을 중심으로 결성되었다.
③ 전국 각지에 지회를 설치하고 월보를 간행하였다.
④ 만민 공동회를 열어 러시아의 이권 침탈을 비판하였다.

문 11. 임진왜란의 주요 전투를 시기순으로 나열한 것은?

> ㉠ 송상현이 동래성 전투에서 항전하였다.
> ㉡ 김시민이 왜군에 맞서 진주성을 지켜냈다.
> ㉢ 조·명 연합군이 평양성을 탈환하였다.
> ㉣ 이순신이 한산도 앞바다에서 왜의 수군을 격퇴하였다.

① ㉠ - ㉡ - ㉢ - ㉣
② ㉠ - ㉣ - ㉡ - ㉢
③ ㉡ - ㉠ - ㉣ - ㉢
④ ㉡ - ㉢ - ㉠ - ㉣

문 12. (가) 인물에 대한 설명으로 옳은 것은?

> (가) 은/는 서경의 승려이다. (가) 와/과 백수한이 왕에게 아뢰기를 "개경의 지세가 쇠퇴하였으므로 하늘이 재앙을 내려 궁궐이 모두 타 버렸으니 자주 서경으로 행차하여 재앙을 물리치고 복을 맞이하여 무궁한 큰 업적을 이룩하소서!"라고 하였다. …… 국호를 '대위'라 하고 연호는 '천개'라 하였으며 그 군대를 '천견충의군'이라 하였다.

① 척준경과 함께 난을 일으켰다.
② 칭제 건원과 금나라 정벌을 주장하였다.
③ 왕에게 봉사 10조의 개혁안을 제시하였다.
④ 왕명에 따라 『해동고승전』을 편찬하였다.

문 13. 다음 담화문을 발표한 정부 시기의 사실로 옳은 것은?

> 친애하는 국민 여러분! 저는 오늘 한반도의 평화와 통일, 나아가서 동아시아의 안정과 공영에 커다란 진전이 이루어졌음을 국민 여러분에게 알려드리려 합니다. 대한민국과 중화 인민 공화국은 오늘을 기해 오랜 비정상적 관계를 청산하고 외교 관계를 수립하기로 합의하였습니다. 두 나라는 상호 불가침, 상호 내정 간섭, 평등과 호혜, 그리고 평화 공존의 원칙에 입각하여 우호 협력 관계를 발전시켜 나갈 것입니다.

① 한·일 기본 조약을 체결하였다.
② 고위급 회담을 통해 남북 기본 합의서가 채택되었다.
③ YH 무역 노동자들이 야당 당사에서 농성을 전개하였다.
④ 대통령 직선제 요구를 거부한 4·13 호헌 조치가 발표되었다.

문 14. 다음 법령이 제정된 이후 일제의 정책으로 옳은 것은?

> 제1조 본 법에서 국가 총동원이란 전시에 국방 목적 달성을 위해 국가의 전력을 가장 유효하게 발휘하도록 인적·물적 자원을 통제 운용하는 것을 가리킨다.
> 제5조 정부는 전시에 국가 총동원상 필요한 경우에는 칙령이 정하는 바에 따라 제국 신민 및 제국 법인, 기타 단체가 국가, 지방 공공 단체 또는 정부가 지정하는 자가 행하는 총동원 업무에 협력하게 할 수 있다.

① 서당 규칙을 발표하여 개량 서당을 탄압하였다.
② 국내로 들어오는 일본 상품의 관세를 철폐하였다.
③ 초등 교육 기관의 명칭을 국민학교로 변경하였다.
④ 소작 문제를 해결하기 위해 조선 농지령을 제정하였다.

문 15. 다음 가상 신문 기사에서 밑줄 친 '사건' 이후 전개된 사실로 옳은 것은?

> ○○신문
> [속보] 정부, 동학 농민군과 화약 체결 …… 이유는?
> 동학 농민군이 봉기를 일으킨 지 2개월 만에 정부와 동학 농민군이 전주에서 화약을 체결하였다. 전주성을 함락하고도 위세가 가득했던 동학 농민군이 정부와의 화약에 응했던 사유로는 일본군과 청군의 출병이 지목된다. 사태가 더욱 커질 것이 우려되어 먼저 정부에게 화약을 제안했다는 것이다. 전주 화약 이후 동학 농민군은 모두 고향으로 돌아갔으며, 동학 농민군 지도부는 폐정 개혁안에 따라 집강소를 설치하여 개혁을 실시하겠다고 밝혔다.
> ○○○ 기자

① 고부 농민들이 만석보를 파괴하였다.
② 공주 우금치 전투에서 관군에게 패배하였다.
③ 교조 신원을 요구하는 보은 집회가 개최되었다.
④ 전봉준이 백산에서 농민군 4대 강령을 발표하였다.

문 16. 1920년대의 사회·문화에 대한 설명으로 옳은 것은?

① 이광수가 매일신보에 「무정」을 연재하였다.
② 신경향파 문인들이 카프(KAPF)를 결성하였다.
③ 손기정 선수가 올림픽에서 마라톤 금메달을 획득하였다.
④ 서민의 주택난을 해결하기 위해 영단 주택이 등장하였다.

문 17. 다음 협정에 대한 설명으로 옳지 않은 것은?

> 국제 연합군 총사령관을 한쪽 편으로 하고 조선 인민군 최고 사령관 및 중국 인민 지원군 사령원을 다른 쪽으로 하는 아래의 서명자들은 쌍방에 막대한 고통과 유혈을 초래한 한국 충돌을 정지시키기 위하여, 최후적인 평화적 해결이 달성될 때까지 한국에서의 적대 행위와 일체 무장 행동의 완전한 정지를 보장하는 정전을 확립할 목적으로 하기 조항에 기재된 정전 조건과 규정을 접수하며 또 그 제약과 통제를 받는데 각자 공동 상호 동의한다.

① 개성, 판문점 등에서 진행된 회담을 통해 체결되었다.
② 소련을 제외한 4개국 중립국 감시 위원회의 구성에 합의하였다.
③ 한국을 미국의 극동 방위선에서 제외한 애치슨 선언에 영향을 주었다.
④ 협상 과정에서 공산군 측은 38도선을 경계로 휴전할 것을 요구하였다.

문 18. 밑줄 친 '왕'의 재위 기간 중의 사실로 옳은 것은?

> 왕에게 이괄 부자가 역적의 우두머리라고 고해바친 자가 있었다. 왕은 "반역하지 않을 것이다."라고 하면서도, 이괄의 아들인 이전을 잡아오라고 명하였다. 이에 이괄이 군영에 있는 장수들을 위협하여 난을 일으켰다.

① 수도 외곽의 방어를 위해 총융청을 설치하였다.
② 서인과 남인이 두 차례에 걸쳐 예송 논쟁을 전개하였다.
③ 명나라의 요청에 따라 강홍립이 이끄는 부대가 파병되었다.
④ 민간의 광산 개발 참여를 허용하는 설점수세제가 처음 실시되었다.

문 19. 밑줄 친 '그'에 대한 설명으로 옳은 것은?

> 백제가 대야성을 함락하자 그의 딸인 고타소랑이 남편 김품석을 따라 죽었다. 그는 이를 한스러워하며 고구려의 군사를 청하여 백제에 대한 원한을 갚고자 하였으며, 왕이 이를 허락하였다. …… 고구려에 군사를 요청하였으나 이루지 못하였던 그는 태화 원년에 마침내 당에 들어가 군사를 요청하였다.

① 화랑이 지켜야 할 세속 오계를 제시하였다.
② 진골 출신으로는 최초로 신라의 왕이 되었다.
③ 대가야를 정벌하여 낙동강 유역을 확보하였다.
④ 금관가야 왕족의 후손으로 황산벌에서 백제군을 물리쳤다.

문 20. 다음 자료에 해당하는 정치 기구에 대한 설명으로 옳은 것은?

> 정치를 논하여 바르게 이끌고, 관리를 감찰하고, 풍속을 교정하고, 원통하고 억울한 것을 풀어주고, 외람되고 거짓된 것을 금하는 등의 일을 관장한다. …… 집의 1명, 장령 2명, 지평 2명, 감찰 24명을 둔다.
> - 『경국대전』

① 장(長)은 정3품의 대사간이었다.
② 은대·대언사라고 불리기도 하였다.
③ 재상들이 모여 국정을 총괄한 합의 기구였다.
④ 발해의 중정대와 비슷한 기능을 수행하였다.

제4회 실전모의고사

※ QR코드를 스캔하여 <모바일 자동 채점 + 성적 분석 서비스>를 활용해 보세요.

문 1. 다음 사건이 발생한 왕의 재위 기간에 있었던 사실로 옳은 것은?

> 우산국은 명주의 정동쪽 바다에 있는 섬으로, 혹은 울릉도라고도 부른다. 땅은 사방 100리인데, 지세가 험한 것을 믿고 복종하지 않았다. 이찬 이사부가 하슬라주 군주가 되어 이르기를, "우산국 사람들은 어리석고도 사나워서 힘으로는 다루기 어렵지만, 꾀를 쓰면 굴복시킬 수 있다."라고 하였다. 이에 나무로 사자 모형을 많이 만들어 전선에 나누어 싣고 그 나라 해안에 이르러 거짓으로 알리기를, "너희들이 만약 항복하지 않는다면, 곧 이 맹수를 풀어서 밟아 죽이겠다."라고 하였다. 이에 우산국의 사람들이 몹시 두려워 곧바로 항복하였다.

① '건원'이라는 연호를 사용하였다.
② 사방에 우역을 처음으로 두었다.
③ 시장 감독 관청인 동시전을 설치하였다.
④ 화랑도를 국가적인 조직으로 개편하였다.

문 2. 다음 헌법이 시행된 시기의 사실로 옳은 것은?

> 제39조 ① 대통령은 대통령 선거인단에서 무기명투표로 선거한다.
> ② 대통령에 입후보하려는 자는 정당의 추천 또는 법률이 정하는 수의 대통령 선거인의 추천을 받아야 한다.
> ③ 대통령 선거인단에서 재적 대통령 선거인 과반수의 찬성을 얻은 자를 대통령 당선자로 한다.
> 제45조 대통령의 임기는 7년으로 하며, 중임할 수 없다.

① 국민 교육 헌장이 선포되었다.
② 남북한이 유엔에 동시 가입하였다.
③ 경제 개발 협력 기구(OECD)에 가입하였다.
④ 최초로 이산가족 고향 상봉이 성사되었다.

문 3. 고대의 고분에 대한 설명으로 옳은 것을 모두 고른 것은?

> ㉠ 천마총은 천마도가 발견된 굴식 돌방무덤이다.
> ㉡ 무령왕릉은 중국 남조의 영향을 받은 벽돌무덤이다.
> ㉢ 사신도가 그려진 강서 대묘는 돌무지무덤으로 축조되었다.
> ㉣ 서울 석촌동 백제 고분은 고구려 초기 고분 양식의 영향을 받았다.

① ㉠, ㉢
② ㉠, ㉣
③ ㉡, ㉢
④ ㉡, ㉣

문 4. 다음 상황 이후에 일어난 사실로 옳지 않은 것은?

> 위만은 망명자의 무리를 꾀어내어 무리가 점차 많아지자, 이에 사람을 보내 준왕에게 거짓으로 알리기를 '한나라의 군대가 10개의 길로 쳐들어오니, 들어가 숙위하기를 청합니다.'라고 하고, 마침내 돌아와 준왕을 공격하였다. 준왕은 위만과 싸웠지만 상대가 되지 못하였다.

① 고조선 지역에 한나라의 창해군이 설치되었다.
② 8조에 불과하던 법 조항이 60여 개로 늘어났다.
③ 연나라 장수 진개의 침입으로 영토를 상실하였다.
④ 고조선이 군대를 보내 요동동부도위 섭하를 살해하였다.

문 5. 다음 문서에 대한 설명으로 옳은 것은?

> 연합국의 목적은 일본국으로부터 제1차 세계 전쟁 이후 일본이 탈취하고 또는 점령한 태평양의 도서를 일체 박탈할 것과 만주·타이완 및 평후 제도와 같이 일본이 중국으로부터 훔친 일체의 지역을 중화 민국에 반환함에 있고 …… 조선 인민의 노예 상태에 유의하여 적당한 시기에 조선이 자유 독립할 것을 결의한다.

① 소련이 대일전에 참전할 것을 결정하였다.
② 임시 정부의 건국 강령이 발표되는 계기가 되었다.
③ 미국, 영국, 중국의 정상이 모여 회담을 한 후 발표되었다.
④ 4개국이 최고 5년간 한국을 신탁 통치할 것을 명시하였다.

문 6. (가) 시기의 사실로 옳은 것은?

> 일제는 헌병 경찰제를 시행하여 헌병이 일반 경찰의 업무까지 간여하고 담당하도록 하였다. 헌병 경찰은 정식 법 절차나 재판을 거치지 않고 한국인에게 벌금이나 구류 등의 처분을 내릴 수 있었다. 또한 일제는 조선 태형령을 제정하여 한국인에게만 태형을 적용하였는데, 이는 위압적인 (가) 시기의 모습을 보여준다.

① 매일 아침마다 궁성요배를 강요하였다.
② 도 평의회와 부·면 협의회 등이 설치되었다.
③ 동아일보, 조선일보 등의 한글 신문이 폐간되었다.
④ 관리뿐만 아니라 교사도 제복을 입고 칼을 착용하였다.

문 7. 밑줄 친 '왕'에 대한 설명으로 옳은 것은?

> 왕이 처음으로 12목을 설치하고 명을 내리기를, "하늘 아래 만물은 모두 다 삶을 즐기고 땅을 밟는 무리는 모두 본성을 따라 살게 하기를 바란다. 한 사람이라도 죄를 짓는 것을 보면 마음에서 매우 그 허물을 슬퍼하고 백성들이 가난하게 산다는 것을 들으면 마음 속 깊이 스스로를 책망한다."라고 하였다.

① 『정계』와 『계백료서』를 편찬하였다.
② 지방 교육을 위해 경학 박사를 파견하였다.
③ 국가 수입의 증대를 위해 주현공부법을 실시하였다.
④ 쌍기의 건의를 수용하여 과거 제도를 처음 시행하였다.

문 8. 밑줄 친 '회의'에 대한 설명으로 옳은 것은?

> 베이징 방면의 인사는 분열을 통탄하며 통일을 촉진하는 단체를 출현시키고 상하이 일대의 인사는 이를 고려하여 개혁을 제창하고 있다. …… 근본적 대해결로써 통일적 재조를 꾀하여 독립운동의 신국면을 타개하려고 함에는 다만 민의뿐이므로 이에 회의의 소집을 제창한다.

① 창조파와 개조파가 서로 대립하였다.
② 박은식을 제2대 대통령으로 선출하였다.
③ 민족 혁명당이 임시 정부에 참여하는 배경이 되었다.
④ 파리 강화 회의에 김규식을 파견하는 것이 논의되었다.

문 9. 다음과 같이 주장한 인물에 대한 설명으로 옳은 것은?

> 천체가 운행하는 것이나 지구가 자전하는 것은 그 세가 동일하니, 분리해서 설명할 필요가 없다. 다만, 9만 리의 둘레를 한 바퀴 도는 데 이처럼 빠르며, 저 별들과 지구와의 거리는 겨우 반경(半徑)밖에 되지 않는데도 몇 천만 억의 별들이 있는지 알 수 없다. 하물며 천체들이 서로 의존하고 상호 작용하면서 이루고 있는 우주 공간의 세계 밖에도 또 다른 별들이 있다.

① 나라를 좀먹는 여섯 가지의 사회 폐단을 지적하였다.
② 『열하일기』에서 선박과 수레의 이용을 강조하였다.
③ 신분에 따라 토지를 차등 있게 분배할 것을 주장하였다.
④ 『임하경륜』에서 양반들도 생산 활동에 종사할 것을 주장하였다.

문 10. 다음의 경제 조치에 대한 설명으로 옳은 것은?

> 상태가 매우 좋은 갑종 백동화는 개당 2전 5리의 가격으로 새 돈으로 바꾸어 주고, 상태가 좋지 않은 을종 백동화는 개당 1전의 가격으로 정부에서 사들이며, 팔기를 원치 않는 자에 대해서는 정부가 절단하여 돌려준다. 다만, 모양과 질이 조잡하여 화폐로 인정하기 어려운 병종 백동화는 사들이지 않는다.

① 전환국의 주도로 시행되었다.
② 한국 상인들이 경제적으로 큰 타격을 받았다.
③ 조병식이 방곡령을 선포하는 계기가 되었다.
④ 대한천일은행이 중앙 은행의 역할을 하게 되었다.

문 11. (가) 인물에 대한 설명으로 옳은 것은?

> 글 잘하고 절의를 가진 선비들이 조정으로 모여들었다. ······ 그때에 여러 왕자들이 다투어 빈객들을 맞아들였는데, 문인과 재주가 뛰어난 사람들이 모두 안평 대군에게 의탁하여 (가) 에게는 이들보다 나은 인재들이 없었다. 한명회가 (가) 을/를 찾아가 신임을 얻게 되자 은밀하게 계책을 올리기를, "세상에 변고가 있을 때에는 문인들이 쓸모가 없으니 모름지기 무사들과 결탁하소서."라고 하였다.

① 경복궁의 이궁으로 창덕궁을 건립하였다.
② 성균관에 존경각을 짓고 서적을 소장하게 하였다.
③ 역법서인 『칠정산』 내외편을 편찬하였다.
④ 현직 관리에게만 수조지를 지급하는 직전법을 시행하였다.

문 12. 다음 건의문이 결의된 시기를 연표에서 옳게 고른 것은?

> 1. 외국인에게 의지하지 말고 관민이 한마음으로 힘을 합하여 전제 황권을 견고하게 할 것
> 2. 외국과의 이권에 관한 조약은 각 대신과 중추원 의장이 합동 날인하여 시행할 것
>   ⋮
>   ⋮
> 5. 칙임관을 임명할 때에는 정부의 자문을 받아 다수의 의견에 따를 것
> 6. 정해진 규정을 실천할 것

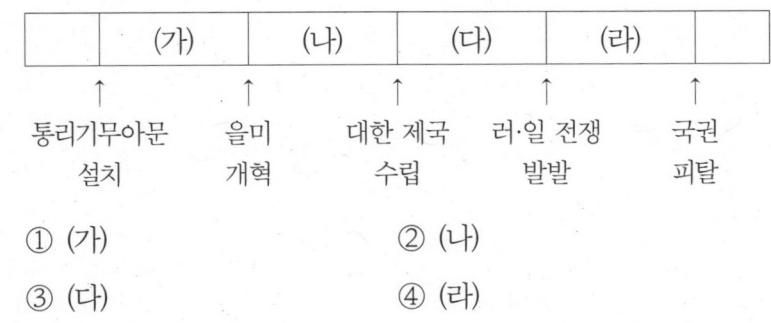

① (가) ② (나)
③ (다) ④ (라)

문 13. 통일 신라의 경제 상황에 대한 설명으로 옳지 않은 것은?

① 어아주, 조하주 등 고급 비단을 생산하여 당나라에 보냈다.
② 건원중보, 해동통보, 은병 등과 같은 화폐를 만들어 사용하였다.
③ 울산항이 국제 무역항으로 번성하여 아라비아 상인들도 왕래하였다.
④ 귀족들이 외국에서 수입한 비단, 양탄자, 유리 그릇 등 사치품을 사용하였다.

문 14. (가) 시기에 있었던 사실로 옳은 것은?

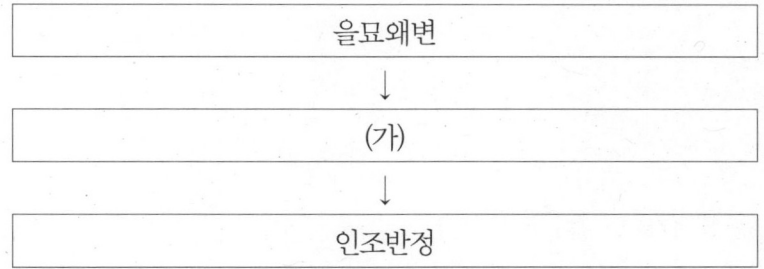

① 비변사가 임시 기구로 처음 설치되었다.
② 외척 간의 갈등으로 을사사화가 일어났다.
③ 정여립 모반 사건으로 많은 동인이 처형당하였다.
④ 청이 군신의 관계를 맺을 것을 요구하며 침입하였다.

문 15. (가) 인물에 대한 설명으로 옳은 것은?

> (가) 은/는 왕에게 빨리 궁궐을 벗어나 강화도로 가자고 요청하였지만, 왕은 미적거리고 결정하지 못하였다. ······ (가) 은/는 사신을 여러 도(道)에 보내 산성과 해도(海島)로 백성들을 이주시켰으며 강화도로 수도를 옮겼다. 이에 왕이 천도한 공을 논하여 진양후로 책봉하였다.

① 천민 출신으로 김보당의 난 때 의종을 시해하였다.
② 문신들의 숙위 기구인 서방을 설치하였다.
③ 보현원에서 정변을 일으켜 정권을 장악하였다.
④ 교정도감이라는 기구를 처음 설치하고 교정별감이 되었다.

문 16. 조선 시대에 편찬된 서적과 관련된 설명으로 옳은 것을 모두 고른 것은?

> ㉠ 『동국통감』: 고조선부터 고려 말까지의 역사를 정리한 역사서이다.
> ㉡ 『고려사절요』: 김종서 등이 고려 시대의 역사를 편년체로 기록한 역사서이다.
> ㉢ 『만기요람』: 국왕의 정사에 참고하도록 정부 재정과 군정의 내역을 정리하였다.
> ㉣ 『오주연문장전산고』: 이익이 천지·인사·만물·경사·시문 등 5개 부문으로 나누어 정리하였다.

① ㉠, ㉡
② ㉡, ㉣
③ ㉠, ㉡, ㉢
④ ㉠, ㉢, ㉣

문 17. (가) 단체에 대한 설명으로 옳은 것은?

[한국사 QUIZ]		
힌트 1	국권 회복과 공화정 수립을 목표로 한 비밀 결사 단체이다.	
힌트 2	신흥 무관 학교를 설립하였다.	
힌트 3	일제가 조작한 105인 사건으로 와해되었다.	
* 힌트를 모두 다 보셨습니다.		
단체 이름	(가)	Enter

① 중추원 개편을 통해 의회 설립을 추진하였다.
② 평양에 대성학교, 정주에 오산학교를 세웠다.
③ 황무지 개간권 요구에 대한 반대 운동을 전개하였다.
④ 광주 학생 항일 운동을 지원하기 위해 조사단을 파견하였다.

문 18. 1930년대 전개된 항일 독립운동으로 옳지 않은 것은?

① 한국 독립군이 동경성 전투에서 일본군에 승리하였다.
② 동북 항일 연군 내 한인들이 조국 광복회를 결성하였다.
③ 중국 관내에서 무장 단체인 조선 의용대가 조직되었다.
④ 대한 애국 청년당의 조문기 등이 경성 부민관 의거를 일으켰다.

문 19. 다음 자료에 나타난 의병 운동에 대한 설명으로 옳은 것은?

> 오늘 병사를 일으키려는 것은 국모의 원수를 갚으려는 것이다. 대개 어머니의 원수를 갚기 위해 아버지의 군사를 부리는 것은 떳떳한 이치이며 대의이다. 만약에 아들이 어머니의 원수가 있으면 아버지의 명을 기다린 후 복수한다고 한다면 이것이 어찌 아들이 어머니의 원수를 갚는 것이겠는가? 지아비도 지어미의 원수를 갚는 것이다.

① 충남 정산에서 민종식이 의병을 일으켰다.
② 해산된 군인들이 합류하여 전투력이 강화되었다.
③ 13도 창의군을 결성하여 서울 진공 작전을 전개하였다.
④ 유인석, 이소응 등 위정척사 사상을 가진 유생들이 주도하였다.

문 20. 다음 글의 저자에 대한 설명으로 옳은 것을 모두 고른 것은?

> 무릇 동양의 수천 년 교화계에서 바르고 순수하며 광대 정밀하여 많은 성현들이 전해주고 밝혀 준 유교가 끝내 인도의 불교와 서양의 기독교와 같이 세계에 대발전을 하지 못함은 어째서이며 …… 그 원인을 탐구하여 말류를 추측하니 유교계에 3대 문제가 있는지라.

> ㉠ 민족 정신으로 '낭가 사상'을 강조하였다.
> ㉡ '나라는 형(形)이고 역사는 신(神)'이라고 주장하였다.
> ㉢ 『한국통사』, 『한국독립운동지혈사』를 저술하였다.
> ㉣ 「조선 민족의 진로」라는 글에서 '연합성 신민주주의'를 제창하였다.

① ㉠, ㉡
② ㉠, ㉣
③ ㉡, ㉢
④ ㉢, ㉣

공무원 9급 공개경쟁채용 필기시험   한 국 사    책형   1쪽

제5회 실전모의고사

※ QR코드를 스캔하여 <모바일 자동 채점 + 성적 분석 서비스>를 활용해 보세요.

문 1. 밑줄 친 '그'에 대한 설명으로 옳은 것은?

> 그가 귀국하여 왕을 뵙고 아뢰기를, "해로의 요지인 청해에 진영을 설치하여, 해적들로 하여금 사람들을 약탈하여 서쪽으로 가지 못하게 하기를 원합니다."라고 하였다. 왕이 그에게 1만 명을 주어 요청을 들어주었다.

① 진성 여왕에게 시무책을 바쳤다.
② 웅주를 근거지로 반란을 일으켰다.
③ 적산촌에 법화원이라는 사찰을 건립하였다.
④ 당에서 숙위 활동을 하다가 부대총관이 되어 신라로 돌아왔다.

문 2. 밑줄 친 '왕' 대에 발행된 화폐로 옳은 것은?

> 왕 6년, 비서성에 소장된 문적의 판본들이 쌓여 있다가 훼손되었으므로 국자감에 서적포를 설치하여 옮겨 소장한 뒤 이를 널리 베끼거나 인쇄할 것을 명하였다.

① 조선통보
② 상평통보
③ 건원중보
④ 해동통보

문 3. 밑줄 친 '영화'가 발표된 이후의 사실로 옳은 것은?

> 영화를 4년 전에 처음 서울 단성사에서 개봉한 뒤 오늘까지 평양, 대구, 부산 등 주요 각 도시에서 16회나 상영되었다니, 나로서는 여러분의 지지가 이렇게 두터운 것에 송구한 마음을 금할 길이 없을 뿐입니다. 영화를 촬영할 때에 내 자신은 전신이 열에 끓어오르던 것을 기억합니다. …… 이 한 편에는 자랑할 만한 우리의 조선 정서를 가득 담아 놓은 동시에 '동무들아 결코 결코 실망하지 말자' 하는 것을 암시로라도 표현하려 애썼고, '아리랑 고개', 이는 우리의 희망의 고개라 넘자 넘자 그 고개 어서 넘자 하는 일관한 정신을 거기 담으려고 했습니다.

① 국문 연구소가 설치되었다.
② 조선 민립 대학 기성회가 창립되었다.
③ 도쿄 유학생들을 중심으로 토월회가 결성되었다.
④ 민족주의 역사가들 사이에서 조선학 운동이 일어났다.

문 4. (가)에 대한 설명으로 옳은 것은?

> 순종의 인산으로 전국 각처에서 수십만의 추모객이 운집한 것을 기회로 인산 행렬이 지나갈 때 경성 각지에서는 삼엄한 경계 아래서도 (가) 이/가 일어났다.

① 대한민국 임시 정부 수립에 영향을 주었다.
② 세계 각국의 반제국주의 운동에 자극을 주었다.
③ 국내에서 민족 유일당 운동이 전개되는 계기가 되었다.
④ 한국인 학생과 일본인 학생 간의 충돌에서 비롯되었다.

문 5. (가) 기관에 대한 설명으로 옳은 것은?

> 요즘 들자니 (가) 이/가 각각 붕당을 주도하여 그 폐해가 백성들에게까지 크게 미친다고 한다. 이것을 만일 선대 임금들이 이미 편액을 내려 주었다고 해서 논죄하지 않는다면 나라의 기강이 해이해질 뿐만 아니라 또한 화기(和氣)를 해치는 단서가 되기에 충분하다. 만일 이러한 (가) 이/가 있으면 그냥 놓아둘 수가 없다. 헐어버리고 신주를 묻어버리는 일은 모두 대원군의 분부대로 거행하도록 전국에 알리도록 하라.

① 지방 군·현에 설립된 관학이다.
② 입학 자격은 생원, 진사를 원칙으로 하였다.
③ 조선 시대 지방 수령의 자문 전담 기관이다.
④ 학문 연구와 선현의 제사를 위해 설립되었다.

문 6. 다음 사건에 대한 설명으로 옳은 것을 모두 고른 것은?

> "이달 초하룻날 저놈들 60여 명이 정족산성에 들어와 지형을 자세히 살피고는 중들이 쓰는 그릇만 파괴하고 갔는데 그날 밤에 우리 군사가 잠입한 사실을 저놈들은 사실 알지 못하였습니다. 그리하여 오늘 지키고 있는 성을 특별히 점령할 계책으로 저들의 두령이 말을 타고 나귀를 끌고 짐바리와 술과 음식을 가지고 와서 동문과 남문 양쪽 문으로 나누어 들어올 때 우리 군사들이 좌우에 매복했다가 일제히 총탄을 퍼부었습니다."

㉠ 일본 군함이 초지진을 공격하였다.
㉡ 프랑스 함대가 강화부를 점령하였다.
㉢ 외규장각에 보관된 왕실 도서가 약탈되었다.
㉣ 어재연이 강화도 광성보 전투에서 전사하였다.

① ㉠, ㉡ ② ㉠, ㉣
③ ㉡, ㉢ ④ ㉢, ㉣

문 7. (가), (나) 국왕의 재위 시기에 있었던 사실로 옳은 것은?

> (가) 정복 활동을 통해 북만주 일대를 장악하였다. 또한 장문휴를 보내 당의 산둥 반도 덩저우를 기습 공격하였다.
> (나) 대부분의 말갈족을 복속시키고, 요동 지역으로 진출하였다. 이후 전성기를 맞은 발해를 중국에서는 해동성국이라고 불렀다.

① (가) - 국호를 진국에서 발해로 바꾸었다.
② (나) - 일본에 사신을 파견하여 국교를 맺었다.
③ (가) - 동경 용원부에서 상경 용천부로 천도하였다.
④ (나) - 5경 15부 62주의 지방 행정 구역을 완비하였다.

문 8. 다음을 주장한 인물의 저술로 옳은 것은?

> 국가는 마땅히 한 집의 생활에 맞추어 재산을 계산해서 토지 몇 부(負)를 한 호(戶)의 생활 유지에 필요한 최소한으로 한다. 그러나 땅이 많은 자는 빼앗아 줄이지 않고 미치지 못하는 자도 더 주지 않으며, 돈이 있어 사고자 하는 자는 비록 천백 결이라도 허락해 주고, 땅이 많아서 팔고자 하는 자는 다만 호의 생활 유지에 필요한 최소한의 토지 몇 부 이외에는 허락한다.

① 『북학의』
② 『성호사설』
③ 『마과회통』
④ 『과농소초』

문 9. (가), (나)에 들어갈 내용으로 옳은 것은?

[한국사 주제별 연표]
□ 고려 시대> 경제> 토지 제도의 변화

| 검색 | 고려 시대 토지 제도의 변화 ▼ |

연도	내용
태조 23년	(가)
경종 원년	관품과 인품을 기준으로 삼아 수조권을 지급하였다.
목종 원년	(나)
문종 30년	18관등제를 채택하여 수조권을 지급하였다.

① (가) - 관료들의 수조지는 경기 8현에 한하여 지급되었다.
② (가) - 후삼국의 통일 과정에서 공을 세운 사람들에게 토지를 지급하였다.
③ (나) - 산관이 지급 대상에서 제외되었으며, 무반의 차별 대우가 개선되었다.
④ (나) - 4색 공복을 기준으로 문반, 무반, 잡업으로 나누어 지급 결수를 정하였다.

문 10. 다음 자료에 해당하는 기구에 대한 설명으로 옳은 것은?

> ○ 궁중의 서적과 문서를 관리하고, 국왕의 자문에 응하며, 경연을 주관하였다.
> ○ 모두 문관을 임용하며 제학(提學) 이상은 타 관부의 관원이 겸임한다.

① 국왕의 교지 작성을 담당하였다.
② 서적 출판 및 간행의 업무를 전담하였다.
③ 왕명을 출납하면서 왕의 비서 기관의 역할을 하였다.
④ 집현전을 계승하였으며 옥당이라고 불리기도 하였다.

문 11. (가) 건축물을 세운 단체에 대한 설명으로 옳은 것은?

> 모화관에 이왕 영은문이 있던 자리에다가 새로 문을 세우되 그 문 이름은 ⎡(가)⎦(이)라 하고 새로 문을 그 자리에다 세우는 뜻은 세계 만국에 조선이 아주 독립국이라 표를 보이자는 뜻이요……다만 이왕 수치를 씻을 뿐이 아니라 새로 독립하는 주추를 세우는 것이니 우리가 듣기에 이렇게 기쁘고 경사로운 마음이 있을 때에야 하물며 조선 신민들이야 오직 즐거우리요

① 고종 강제 퇴위 반대 운동을 주도하였다.
② 러시아가 절영도 조차를 요구하자 이에 반대하였다.
③ 일본에 진 빚을 갚자는 국채 보상 운동을 전개하였다.
④ 학술 간행 단체인 조선 광문회와 서점인 태극 서관을 만들었다.

문 12. 다음 협약 이후에 일어난 사실로 옳지 않은 것은?

> 제1조 한국 정부는 시정 개선에 관하여 통감의 지도를 받는다.
> 제2조 한국 정부의 법령 제정 및 중요한 행정상의 처분은 미리 통감의 승인을 거친다.
> 제5조 한국 정부는 통감이 추천한 일본인을 한국의 관리로 임명한다.

① 러시아가 용암포를 점령하였다.
② 동양 척식 주식회사가 설립되었다.
③ 대한 제국의 경찰권이 박탈되었다.
④ 일본이 청과 간도 협약을 체결하였다.

문 13. 밑줄 친 '왕'의 재위 시기의 사실로 옳은 것은?

> 당 태종이 붉은 색, 자주색, 흰 색의 모란꽃 그림과 그 씨 3되를 보내왔다. 왕은 꽃 그림을 보고 "이 꽃은 절대로 향기가 없을 것이다."라고 말했다. 이에 씨를 뜰에 심어 그 꽃이 피어 떨어지기를 기다리니 과연 그 말과 같았다.

① 사방에 우역을 설치하였다.
② '태화'라는 독자적인 연호를 사용하였다.
③ 대야성 상실로 신라가 위기를 맞이하였다.
④ 위홍 등이 향가를 모아 『삼대목』을 편찬하였다.

문 14. (가) 시기에 있었던 사실로 옳은 것은?

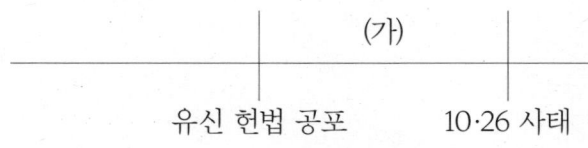

① 울산 정유 공장이 가동되었다.
② 전태일이 분신 자살하였다.
③ 김대중 납치 사건이 발생하였다.
④ 민주화 추진 협의회가 조직되었다.

문 15. 밑줄 친 '이 단체'에 대한 설명으로 옳은 것은?

> 이 단체는 피고인 이극로를 중심으로 하여, 문화 운동 중 그 기초적 중심이 되는 위에서 말한 바 어문 운동의 방법을 취하여, 그 이념으로써 지도 이념을 삼아, 겉으로 문화 운동의 가면을 쓰고, 조선 독립을 목적한 실력 배양 단체로서 본 건이 검거되기까지 10여 년이나 오랜 동안, 조선 민족에 대하여 조선 어문 운동을 전개하여 온 것이니 ……

① 『우리말 큰 사전』을 간행하였다.
② 지석영, 주시경 등이 활동하였다.
③ 한글 기념일인 '가갸날'을 제정하였다.
④ 한글 맞춤법 통일안을 만들어 발표하였다.

문 16. (가) 왕에 대한 설명으로 옳은 것은?

> 이 비는 아무도 아는 사람이 없어 요승 무학이 잘못 찾아 여기에 이르렀다는 비라고 잘못 칭해 왔다. 탁본을 한 결과 비신은 황초령비와 서로 흡사하였고, 여러 차례 탁본을 해서 보니, 진(眞) 자임에 의심할 여지가 없었다. 그래서 마침내 이를 (가) 의 고비로 단정하고 보니, 1200년이 지난 고적이 하루 아침에 크게 밝혀져서 무학비라고 하는 황당무계한 설이 깨지게 되었다.

① 왕이라는 중국식 칭호를 처음 사용하였다.
② 전국을 9주로 나누고 5소경을 설치하였다.
③ 대가야를 정벌하여 가야 연맹을 소멸시켰다.
④ 병부를 처음으로 설치하여 군사 체계를 정비하였다.

문 17. 다음 합의서에 대한 설명으로 옳은 것은?

> 제1조 남과 북은 서로 상대방의 체제를 인정하고 존중한다.
> 제2조 남과 북은 상대방의 내부 문제에 간섭하지 아니한다.
> ……
> 제7조 남과 북은 서로의 긴밀한 연락과 협의를 위하여 이 합의서 발효 후 3개월 안에 판문점에 남북 연락 사무소를 설치·운영한다.

① 남북 군사 공동 위원회 설치를 명시하였다.
② 남북이 동시에 유엔에 가입하는 계기가 되었다.
③ 남북 조절 위원회를 구성하기로 합의한 내용이 포함되어 있다.
④ 분단 이후 최초로 열린 남북 정상 회담의 결과로 발표된 합의서이다.

문 18. 밑줄 친 '국왕' 재위 시기의 사실로 옳은 것은?

> 국왕께서 왕위에 즉위한 첫 해에 맨 먼저 도서집성 5천여 권을 연경의 시장에서 사오고, 또 옛날 홍문관에 간직했던 책과 강화부 행궁에 소장했던 명에서 보내온 여러 가지 책들을 모았다.

① 『탁지지』, 『동문휘고』 등을 편찬하였다.
② 청과 국경선을 정하고 백두산 정계비를 건립하였다.
③ 당파와 관계없이 인물을 등용하는 완론 탕평을 실시하였다.
④ 삼정의 문란을 개혁하기 위해 삼정이정청을 설치하였다.

문 19. (가)와 고려의 관계에 대한 설명으로 옳은 것은?

> (가) 에서 사자(使者)를 파견하여, "만일 9성을 돌려주고, 생업을 편안토록 해 주시면 우리들은 …… 감히 고려의 영토 위로 돌 조각 하나도 던지지 않겠습니다."라고 애원하였다. …… 이에 왕은 신하들을 모아 의논한 후 9성을 (가) 에게 돌려주었다.

① 박서가 귀주에서 (가)의 군대에 항전하였다.
② 묘청, 정지상 등이 (가)의 정벌을 주장하였다.
③ 강조의 정변을 구실로 (가)가 고려를 침략하였다.
④ (가)는 고려에 다루가치를 파견하여 내정을 간섭하였다.

문 20. 밑줄 친 '책'에 대한 설명으로 옳은 것은?

> 고대 여러 나라들도 역시 각각 사관(史官)을 두어 일을 기록하였습니다. …… 생각건대 우리 해동(海東) 삼국도 역사가 길고 오래되어 마땅히 그 사실이 책으로 기록되어야 하므로 폐하께서 이 늙은 신하에게 명하시어 편집하도록 하신 것인데, 스스로 돌아보건대 부족함이 많아 어찌 할 바를 모르겠습니다. 신의 학술이 이처럼 부족하고 얕으며, 옛 말과 지나간 일은 그처럼 아득하고 희미합니다. 그러므로 온 정신과 힘을 다 쏟아 부어 겨우 책을 만들었사오나 보잘것없기에 스스로 부끄러울 따름이옵니다.

① 불교를 중심으로 신화와 설화를 정리하였다.
② 단군 조선을 우리 역사의 시작으로 본 통사이다.
③ 기전체로 서술되어 본기, 지, 열전으로 나누어 구성되었다.
④ 단군부터 고려 충렬왕 때까지의 역사를 서사시로 기록하였다.

제6회 실전모의고사

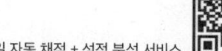

※ QR코드를 스캔하여 <모바일 자동 채점 + 성적 분석 서비스>를 활용해 보세요.

문 1. 다음 인물에 대한 설명으로 옳은 것은?

> ○ 경상남도 산청군에 있는 덕천 서원에 배향되었다.
> ○ 경(敬)과 의(義)를 바탕으로 학문의 실천성을 강조하였다.
> ○ 단성 현감으로 임명되자 이를 거절하며 「을묘사직소」를 올렸다.

① 도학 입문서인 『격몽요결』을 저술하였다.
② 일본의 성리학 발전에 크게 영향을 끼쳤다.
③ 서리망국론을 제시하여 당시 서리의 폐단을 비판하였다.
④ 『주자대전』의 중요 부분을 발췌하여 『주자문록』을 편찬하였다.

문 2. ㉠, ㉡ 기구에 대한 설명으로 옳은 것은?

> 고려의 중앙 정치 체제 중 독자적인 기구로 각각 ㉠ 와/과 ㉡ 이/가 있었는데, 중서문하성의 재신과 중추원의 추밀의 합좌 기구로 국가의 중대사를 논의하였다. ㉠ 은/는 충렬왕 때 도평의사사로 개편되어 국정을 총괄하였고, ㉡ 은/는 대내적인 법제와 각종 시행 규정을 담당하는 일종의 입법 기관이었다.

① ㉠ - 화폐와 곡식의 출납 및 회계의 일을 맡았다.
② ㉠ - 양계의 축성과 군사 훈련 등에 대해 논의하였다.
③ ㉡ - 군사 기밀과 왕명 전달을 담당하기도 하였다.
④ ㉡ - 관리의 임명이나 법령의 개폐를 동의하는 서경권을 행사하였다.

문 3. (가)에 대한 설명으로 옳은 것은?

> (가) 은/는 임진왜란 때 의주로 피난 갔던 선조가 한양으로 돌아온 후 임시 거처로 사용하면서부터 정릉동 행궁으로 불리었으며, 광해군 때 경운궁으로 개칭되었다. 이후 순종에게 양위한 고종이 머물면서 고종의 장수를 빈다는 의미에서 (가) 으로 이름이 바뀌었다.

① 도성 내 서쪽에 있어 서궐로 불리었다.
② 제1차 미·소 공동 위원회가 개최되었다.
③ 일제에 의해 동물원, 식물원 등이 만들어졌다.
④ 큰 복을 빈다는 의미로 정도전이 이름을 지었다.

문 4. 신석기 시대의 유적에 대한 설명으로 옳은 것을 모두 고른 것은?

> ㉠ 의주 미송리 동굴에서는 미송리식 토기가 발굴되었다.
> ㉡ 황해 봉산 지탑리 유적에서는 탄화된 좁쌀이 발견되었다.
> ㉢ 부산 동삼동 유적에서는 빗살무늬 토기가 출토되었다.
> ㉣ 청원 두루봉 동굴 유적에서는 흥수 아이라고 불리는 인골이 발견되었다.

① ㉠, ㉡
② ㉠, ㉣
③ ㉡, ㉢
④ ㉢, ㉣

문 5. 밑줄 친 '왕'의 재위 시기에 있었던 사실로 옳은 것은?

> 왕이 말갈의 무리 만여 명을 이끌고 요서를 침공하였는데, 영주총관 위충이 이를 격퇴하였다. 수 문제가 이 소식을 듣고는 크게 노하여 명을 내려 양량과 왕세적을 나란히 원수로 삼고 수군과 육군 300,000명을 거느리고 와서 고구려를 쳤다.

① 관구검의 공격으로 수도가 함락되었다.
② 을지문덕이 살수에서 수의 군대를 물리쳤다.
③ 낙랑군을 축출하고 대동강 유역을 차지하였다.
④ 연개소문이 정변을 일으켜 권력을 장악하였다.

문 6. 다음 건의를 받아들여 제정한 토지 제도에 대한 설명으로 옳은 것은?

> 전하께서는 무릇 수도에 거주하는 관료에게는 단지 경기 안의 토지만을 지급하고, 그 밖의 토지는 허락하지 마십시오. 이를 법으로 제정하셔서 백성과 더불어 다시 시작하십시오. 그렇게 하여 국가 재정을 넉넉하게 하고, 백성의 삶을 풍요롭게 하며, 조정의 선비들을 우대하고, 군대의 군량을 넉넉하게 하십시오.
> - 조준의 상소

① 현직 관리에게만 수조권이 지급되었다.
② 5품 이상의 관리들에게 공음전을 지급하였다.
③ 최고 150결에서 최하 10결의 토지를 지급하였다.
④ 18등급에 포함된 모든 관리에게 시지를 지급하였다.

문 7. 다음 사건 이후의 사실로 옳은 것은?

> "나라의 근본이 정해지기 전에는 임금의 물음에 따라 각각 소견대로 말할 수 있지만 명호를 이미 정한 지금에 와서 송시열이 산림의 영수로서 상소 가운데에 감히 송나라 철종의 일까지 끌어대어서 은연중 '너무 이르다.'고 하였다. …… 마땅히 멀리 귀양 보내야겠지만, 그래도 유신이니, 아직은 가벼운 법을 쫓아서 삭탈관작하고 성문 밖으로 내쫓는다." 하였다.

① 동인이 남인과 북인으로 분화하였다.
② 허적과 윤휴 등 남인들이 축출되었다.
③ 두 차례에 걸친 예송 논쟁이 전개되었다.
④ 인현 왕후가 복위되고 장씨가 희빈으로 강등되었다.

문 8. (가) 조약에 대한 설명으로 옳은 것은?

> 미국 상민의 활동에 지장을 주지 않는 한, 조선과 중국 사이의 관계에 관여하지 않을 것이다. 미국은 귀 군주가 내치, 외교와 통상을 자주(自主)하고 있음을 잘 알고 있다. 국회는 조선과 수호하는 데 동의하였으며, 본인도 (가) 을/를 비준하였다.

① 천주교 포교가 허용되는 결과를 가져왔다.
② 일본의 적극적인 알선과 중재로 체결되었다.
③ 수출입 상품에 대한 무관세를 규정하였다.
④ 거중조정 조항과 최혜국 대우의 규정이 포함되었다.

문 9. 밑줄 친 '공주'의 무덤에 대한 설명으로 옳은 것을 모두 고른 것은?

> <u>공주</u>는 우리 대흥보력효감금륜성법대왕의 둘째 딸이다. <u>공주</u>는 보력 4년 여름 4월 14일 을미일에 외제에서 사망하니, 나이는 40세였다. 보력 7년 11월 24일 갑신일에 진릉의 서쪽 언덕에 배장하였으니, 이것은 예의에 맞는 것이다.

> ㉠ 용두산 고분군에 위치하고 있다.
> ㉡ 천장은 모줄임 천장 구조로 되어 있다.
> ㉢ 무덤 양식은 굴식 돌방무덤이고, 돌사자상이 출토되었다.
> ㉣ 무덤방의 네 벽면에 회가 칠해지고 벽화가 그려져 있다.

① ㉠, ㉡
② ㉠, ㉣
③ ㉡, ㉢
④ ㉢, ㉣

문 10. 고려 시대의 군사 제도에 대한 설명으로 옳지 않은 것은?

① 2군인 응양군과 용호군은 왕의 친위 부대였다.
② 군사 행정 구역인 양계에는 주현군을 배치하였다.
③ 특수군인 광군은 거란의 침입에 대비하여 설치되었다.
④ 직업 군인인 경군에게 군인전을 지급하고 그 역을 자손에게 세습시켰다.

문 11. 다음 선언문을 발표한 단체에 대한 설명으로 옳은 것은?

> 우리는 운동상 실천으로부터 배운 것이 있으니 우리가 실제로 우리 자체를 위해, 우리 사회를 위해 분투하려면 우선 조선 자매 전체의 역량을 공고히 단결하여 운동을 전반적으로 전개해야 하는 선이다. 일어나라! 오너라! 단결하자! 분투하자! 조선의 자매들아! 미래는 우리의 것이다.

① 방정환, 김기전 등을 중심으로 결성되었다.
② 여성 교육을 위해 이화 학당을 설립하였다.
③ 최초의 여성 권리 선언문인 여권통문을 발표하였다.
④ 신간회의 자매 단체로 기관지인 『근우』를 발간하였다.

문 12. (가), (나) 문화유산에 대한 설명으로 옳은 것을 모두 고른 것은?

> (가) 다른 산성과는 달리 산성 내에 종묘와 사직을 갖추었으며, 병자호란 때 청나라 군에 대항하기 위해 인조가 피난하였다.
> (나) 정약용이 제작한 거중기 등을 이용하여 성곽을 축조하였으며, 팔달산에 위치하였다.

㉠ (가) - 조선 후기 5군영 중에 총융청이 이곳에 설치되었다.
㉡ (나) - 축조 과정이 『화성성역의궤』에 정리되어 있다.
㉢ (가) - 인조가 청의 태종에게 항복 의례를 치른 곳이다.
㉣ (가), (나) - 유네스코 세계 문화유산으로 등재되었다.

① ㉠, ㉡
② ㉡, ㉣
③ ㉠, ㉡, ㉣
④ ㉡, ㉢, ㉣

문 13. 다음 인물에 대한 설명으로 옳지 않은 것은?

> • 비밀 결사 조직인 신민회를 조직하였다.
> • 대한민국 임시 정부 내무총장 겸 국무총리 대리직을 수행하였다.
> • 수양 동우회 사건으로 투옥되었다.

① 흥사단을 조직하였다.
② 대성 학교를 설립하였다.
③ 대한인 공립협회를 조직하였다.
④ 국민 대표 회의에서 창조파로 활동하였다.

문 14. (가) 시기에 있었던 사실로 옳은 것은?

> 신라의 눌지 마립간과 백제의 비유왕이 나·제 동맹을 체결하였다.
> ↓
> (가)
> ↓
> 신라의 수도인 경주에 동시가 설치되었다.

① 고구려가 졸본에서 국내성으로 천도하였다.
② 신라가 대가야를 정복하면서 가야 연맹이 해체되었다.
③ 태학을 설립하고 율령을 반포하여 체제 안정화 정책을 실시하였다.
④ 백제가 북위에 사신을 보내 고구려를 공격해 줄 것을 요청하였다.

문 15. 다음 포고령을 내린 세력이 시행한 정책으로 옳지 않은 것은?

> 제1조 북위 38도선 이남의 조선 영토와 조선 인민에 대한 통치의 모든 권한은 당분간 본관의 권한 하에 시행한다.
> 제3조 주민은 본관 및 본관 권한 하에서 발포한 명령에 즉각 복종하여야 한다. 점령군에 대한 모든 반항 행위 또는 공공 안녕을 교란하는 행위를 감행하는 자에 대해서는 용서 없이 엄벌에 처할 것이다.
> 제5조 군정 기간 동안 영어를 모든 목적을 위해 사용하는 공용어로 한다.

① 중앙 토지 행정처를 발족하였다.
② 남조선 국방 경비대를 창설하였다.
③ 치안 담당을 위한 치안대를 조직하였다.
④ 소작료를 총 수확량의 3분의 1로 제한하였다.

문 16. 밑줄 친 '이 시대'에 편찬된 의학 서적으로 옳은 것은?

> 이 시대의 군현은 모두 500여 곳이었지만 모든 군현에 수령이 파견되지는 않았다. 수령이 파견된 곳은 주현으로 130개였으며, 나머지 374개의 속현은 주현의 수령이 겸임하였다.

① 『의방유취』
② 『향약집성방』
③ 『향약구급방』
④ 『향약채취월령』

문 17. (가)의 재위 기간에 있었던 사실로 옳은 것은?

<역사 단편 영화 시리즈>
제목: (가)의 파란만장한 삶을 돌아보며

시리즈	내용
에피소드 1	본래는 승려였지만 강조의 정변으로 왕위에 오르게 된 (가), 갑작스럽게 왕이 되었지만 왕으로서 고려 왕조의 기틀을 다지는 데 노력한다.
에피소드 2	즉위 초부터 불교 숭배 정책을 표방한 (가)은/는 연등회와 팔관회를 부활시키는 데 그치지 않고 부모의 명복을 빌어주고자 현화사를 창건한다.
에피소드 3	강조의 정변을 구실로 거란이 침입하였다. (가)은/는 빠르게 쳐들어오는 거란군을 어찌하지 못하고 나주로 급하게 피난한다.

① 5도 양계 체제가 정비되었다.
② 청연각과 보문각이 설치되었다.
③ 전시과 제도가 처음 시행되었다.
④ 사신 저고여가 귀국길에 피살되었다.

문 18. 다음 합의문을 작성한 독립군에 관한 설명으로 옳은 것은?

> 중국 의용군과 한국 양국의 군민은 한마음 한 뜻으로 일제에 대항하여 싸우고, 인력과 물자는 서로 나누어 쓰며, 합작의 원칙 하에 국적에 관계없이 그 능력에 따라 항일 공작을 나누어 맡는다.

① 대일 선전 포고문을 발표하였다.
② 흥경성 전투에서 일본군을 물리쳤다.
③ 일부 대원이 한국광복군에 편입되었다.
④ 지청천을 중심으로 북만주 지역에서 주로 활동하였다.

문 19. 다음 자료에 나타난 사건의 결과로 옳은 것은?

> 선혜청 당상 민겸호의 청지기가 미곡에 겨를 섞어 몰래 이득을 취하려 하였다. 이에 군사들이 분노하여 그를 폭행하였다. 민겸호가 주동자를 잡아들여 포도청에 가두고서 죽이겠다고 선언하니, 군중이 더욱 원망하고 분노하였다. …… 난병이 대궐에 침입하였다.

① 이만손 등의 영남 유생들이 만인소를 올렸다.
② 조선과 일본 사이에 제물포 조약이 체결되었다.
③ 신식 군대를 양성하기 위해 별기군이 창설되었다.
④ 3일 만에 진압되어 주동자들이 해외로 망명하였다.

문 20. 다음 제시된 헌법 개정의 주요 내용을 순서대로 나열한 것은?

> ㉠ 대통령을 직선제로 선출하고, 임기는 5년으로 하였다.
> ㉡ 대통령을 통일 주체 국민회의에서 간선제로 선출하도록 하였다.
> ㉢ 대통령의 3선 연임을 허용하였다.
> ㉣ 대통령을 간선제로 선출하고, 임기는 7년으로 하였다.

① ㉡-㉠-㉢-㉣
② ㉡-㉢-㉠-㉣
③ ㉢-㉡-㉣-㉠
④ ㉢-㉣-㉡-㉠

제7회 실전모의고사

※ QR코드를 스캔하여 <모바일 자동 채점 + 성적 분석 서비스>를 활용해 보세요.

문 1. 다음에 해당하는 나라에 대한 설명으로 옳은 것은?

> 여자의 나이가 열 살이 되면 서로 혼인을 약속하고, 신랑 집에서는 그 여자를 맞이하여 장성하도록 길러 아내로 삼는다. 여자가 성인이 되면 다시 친정으로 돌아가게 한다. 여자의 친정에서는 돈을 요구하는데, 신랑 집에서 돈을 지불한 후 다시 신랑 집으로 돌아온다.

① 10월에 무천이라는 제천 행사를 개최하였다.
② 남의 물건을 훔쳤을 때에는 12배로 갚게 하였다.
③ 사람이 죽으면 가족 공동 무덤인 목곽에 안치하였다.
④ 다른 부족의 경계를 침범하면 가축이나 노비로 변상하게 하였다.

문 2. (가) 인물에 대한 설명으로 옳은 것은?

> 영휘 초에 마침 당나라 사신의 배가 돌아가려고 하자 얻어 타고 중국으로 들어갔다. …… (가) 은/는 또 『화엄일승법계도』를 저술하고 아울러 간략한 주석을 붙여 일승(一乘)의 요긴한 알맹이를 모두 포괄하였으니 1000년을 두고 볼 귀감이 되어 저마다 보배로 여겨 지니고자 하였다.

① 인도를 다녀온 후 『왕오천축국전』을 남겼다.
② 왕에게 수나라에 군사를 청하는 글을 지어 바쳤다.
③ 무애가라는 노래를 지어 불교 대중화에 노력하였다.
④ 현세에서 고난을 구제받고자 하는 관음 신앙을 강조하였다.

문 3. 밑줄 친 '왕'의 재위 시기에 있었던 사실로 옳은 것은?

> 조광조가 왕에게 아뢰기를, "지방의 경우에는 관찰사와 수령, 서울의 경우에는 홍문관과 육경, 그리고 대간들이 모두 능력 있는 사람을 천거하게 하십시오. 그 후 대궐에 모아 놓고 친히 여러 정책과 관련된 대책 시험을 치르게 한다면 인물을 많이 얻을 수 있을 것입니다. 이는 역대 선왕께서 하지 않으셨던 일이요, 한나라의 현량과와 방정과의 뜻을 이은 것입니다. 덕행은 여러 사람이 천거하는 바이므로 반드시 헛되거나 그릇되는 일이 없을 것입니다. 또, 대책 시험을 통해서는 그가 하려는 방법을 알게 될 것이니 두 가지 모두 손실이 없을 것입니다."라고 하였다.

① 양재역 벽서 사건이 일어났다.
② 동인과 서인의 붕당이 형성되었다.
③ 주세붕이 백운동 서원을 건립하였다.
④ 윤리서인 『삼강행실도』가 편찬되었다.

문 4. 다음 자료에 나타난 민족 운동에 대한 설명으로 옳은 것은?

> 정오가 가까워 오자 민족 대표들이 모여들기 시작하였다. 정오가 되자 태화관의 정자 동쪽 처마에 태극기가 걸렸다. 일동은 근엄한 자세로 태극기를 향하여 경례를 하였다. '독립 선언서' 낭독을 생략하고, 한용운이 인사말을 한 뒤에 그의 선창으로 '대한 독립 만세'를 외쳤다.

① 조선 민흥회가 결성되는 계기가 되었다.
② 순종의 인산일에 학생들의 주도로 전개되었다.
③ 윌슨의 민족 자결주의와 2·8 독립 선언의 영향을 받았다.
④ 성진회와 각 학교 독서회 등에 의해 전국적으로 확산되었다.

문 5. 다음 중 유네스코 세계 기록유산으로 등재된 것을 모두 고른 것은?

㉠ 4·19 혁명 기록물
㉡ 『징비록』
㉢ 조선 왕실의 어보와 어책
㉣ 동학 농민 혁명 기록물
㉤ 『비변사등록』

① ㉠, ㉡, ㉢
② ㉠, ㉢, ㉣
③ ㉡, ㉢, ㉤
④ ㉡, ㉣, ㉤

문 6. 밑줄 친 '이곳'에서 있었던 사실로 옳은 것은?

> 문주왕은 개로왕의 아들이다. 개로가 재위한지 21년에 고구려가 쳐들어와서 한성을 포위하였다. 개로가 성을 닫고 스스로 굳게 지키면서 문주를 보내 신라에 구원을 요청하게 하였다. 고구려군은 비록 물러갔으나 성이 파괴되고 개로왕이 죽어서 마침내 왕위에 올랐다. …… 겨울 10월에 도읍을 이곳으로 옮겼다.

① 『직지심체요절』이 간행되었다.
② 망이·망소이가 반란을 일으켰다.
③ 보조국사 지눌이 수선사 결사를 주도하였다.
④ 대장도감을 설치하여 재조대장경을 만들었다.

문 7. 밑줄 친 '신문'에 대한 설명으로 옳은 것은?

> 뜻있는 친구들을 모아 회사를 조직하고 새로 신문을 발간하는 데 순한글로 날마다 출판하고자 하니, 여러분께서는 많이 보시오. 신문의 명칭은 우리 대황제 폐하의 당당한 대한국 백성에게 속한 신문이라는 뜻에서 지은 것이니 또한 중대하도다.

① 천도교의 기관지로 일진회의 매국 행위를 비판하였다.
② 이종일이 창간하였으며, 하층민과 부녀자들이 많이 구독하였다.
③ 관보적 성격을 띠고 박문국에서 10일에 한 번씩 발행되었다.
④ 서재필이 정부의 지원을 받아 발행한 우리나라 최초의 민간 신문이다.

문 8. 다음 법령이 실시된 기간에 있었던 사실로 옳은 것을 모두 고른 것은?

> 제1조 국체를 변혁 또는 사유 재산제를 부인할 목적으로 결사를 조직하거나 이에 가입하는 자는 10년 이하의 징역 또는 금고에 처한다.
> 제4조 제1조 제1항의 목적으로 소요·폭행, 기타 생명·신체 또는 재산에 해를 가할 수 있는 범죄를 선동한 자는 10년 이하의 징역 또는 금고에 처한다.

> ㉠ 조선 청년 연합회가 조직되었다.
> ㉡ 제2차 조선 교육령이 공포되었다.
> ㉢ 조선어 학회 사건이 발생하였다.
> ㉣ 브나로드 운동이 전개되었다.

① ㉠, ㉡
② ㉠, ㉢
③ ㉡, ㉣
④ ㉢, ㉣

문 9. (가) 인물의 활동으로 옳은 것은?

> 위원장 (가) 은/는 다음과 같이 말하였다. "건국 준비에 가장 필요한 것은 첫째 치안을 유지함이요 둘째는 모든 건국의 소요되는 힘과 자재와 기구 등을 잘 보관하고 육성하여 새로 탄생되는 국가를 되도록 건전하게 건설하자는 것입니다. 치안 유지에는 치안대와 무위대를 차례로 조직·사용하는 한편 …… 대중의 식량 확보에는 최대한 노력을 하기로 합니다."

① 신민족주의를 내세운 국민당을 창당하였다.
② 삼균주의를 바탕으로 한 건국 강령을 작성하였다.
③ 김구와 함께 평양에서 열린 남북 지도자 회의에 참석하였다.
④ 일제의 패망과 광복에 대비하여 조선 건국 동맹을 조직하였다.

문 10. 고려 시대의 관리 등용 제도에 대한 설명으로 옳지 않은 것은?

① 제술과와 명경과를 통해 문관을 선출하였다.
② 음서는 사위나 조카, 외손자에게도 적용되었다.
③ 무관을 뽑는 무과가 정기적으로 실시되었다.
④ 법률, 회계, 지리 등의 기술학 시험인 잡과가 있었다.

문 11. 밑줄 친 '왕' 재위 시기의 사실로 옳은 것은?

> 왕이 평소 각간 위홍과 정을 통하였는데, 이때 이르러서는 늘 대궐 안으로 들이고 일을 처리하게 하였다. 그리고 그에게 명하여 대구 화상과 함께 향가를 모아 편찬하도록 하고, 이를 『삼대목』이라고 하였다.

① 오언태평송을 지어 당의 황제에게 바쳤다.
② 급찬 숭정이 발해에 사신으로 파견되었다.
③ 원종과 애노가 사벌주에서 반란을 일으켰다.
④ 장보고의 건의에 따라 청해진이 설치되었다.

문 12. 조선의 지방 제도에 대한 설명으로 옳지 않은 것은?

① 각 도의 행정을 총괄하는 관찰사를 파견하였다.
② 각 군현에 향촌 자치 기구인 경재소를 설치하였다.
③ 수령은 지방의 행정권, 사법권, 군사권을 가지고 있었다.
④ 군현 밑에 면·리·통을 설치하고 다섯 집을 1통으로 편제하였다.

문 13. (가) 토지 제도에 대한 설명으로 옳은 것은?

과전법 실시 → (가) 실시 → 관수 관급제 실시

① 지급 대상 토지를 경기 8현으로 한정하였다.
② 인품과 관품에 따라 전지와 시지를 지급하였다.
③ 세습이 가능했던 수신전, 휼양전 등이 폐지되었다.
④ 해당 지역의 조세와 역 징발권을 부여하였다.

문 14. (가) 시기의 사실로 옳은 것은?

고구려가 낙랑군을 완전히 축출하였다.
↓
(가)
↓
고구려가 백제의 수도인 한성을 함락시켰다.

① 신라가 지배자의 칭호를 마립간으로 변경하였다.
② 오경 박사인 단양이와 고안무가 일본에 파견되었다.
③ 고구려가 위나라 장수 관구검의 공격을 받았다.
④ 태학 박사 이문진이 역사서인 『신집』을 편찬하였다.

문 15. 대한 제국에서 추진한 정책으로 옳은 것을 모두 고른 것은?

> ㉠ 신식 화폐 발행 장정을 공포하였다.
> ㉡ 양잠 전습소와 잠업 시험장을 설립하였다.
> ㉢ 지방 행정 구역을 8도에서 23부로 개편하였다.
> ㉣ 상행위에 관한 업무를 관장하는 상무사를 조직하였다.

① ㉠, ㉡
② ㉠, ㉢
③ ㉡, ㉢
④ ㉡, ㉣

문 16. 다음 합의문에 대한 설명으로 옳은 것은?

> 2. 남과 북은 나라의 통일을 위한 남측의 연합제 안과 북측의 낮은 단계의 연방제 안이 서로 공통성이 있다고 인정하고 앞으로 이 방향에서 통일을 지향시켜 나가기로 하였다.
> 3. 남과 북은 올해 8·15에 즈음하여 흩어진 가족, 친척 방문단을 교환하며, 비전향 장기수 문제를 해결하는 등 인도적 문제를 조속히 풀어 나가기로 하였다.

① 서울과 평양 사이에 상설 직통 전화를 놓기로 하였다.
② 북방 외교를 추진한 노태우 정부 때 발표되었다.
③ 이 합의문의 결과 개성 공단이 건설되었다.
④ 자주·평화·민족적 대단결이라는 3대 원칙에 합의하였다.

문 17. 조선 후기의 역사서에 대한 설명으로 옳지 않은 것은?

① 한치윤은 중국 및 일본의 자료를 참고한 『해동역사』를 저술하였다.
② 임상덕은 『동사회강』에서 기자 조선과 마한을 정통으로 인정하였다.
③ 홍만종은 『동국역대총목』에서 단군을 우리 역사의 시작으로 규정하였다.
④ 이긍익은 조선 시대의 정치와 문화를 정리하여 『연려실기술』을 저술하였다.

문 18. (가), (나)에 들어갈 이름을 바르게 연결한 것은?

○ (가) 은/는 한반도에 남아 있는 유일한 고구려 비석으로, 당시 스스로를 천하의 중심으로 자부하는 고구려인의 천하관이 반영되어 있다.
○ (나) 은/는 신라가 함경도 지방으로 진출한 사실을 알려주는 순수비로, 진흥왕 순수비 중에 가장 먼저 발견되었으며, 추사 김정희가 비문을 고증하였다.

	(가)	(나)
①	광개토 대왕릉비	마운령비
②	충주 고구려비	황초령비
③	광개토 대왕릉비	황초령비
④	충주 고구려비	마운령비

문 19. 밑줄 친 '그'에 대한 설명으로 옳은 것은?

> 일찍이 말하기를, "왜구를 제어함에는 화약만한 것이 없다."라고 하였으나, 국내에는 아는 사람이 없었다. 그는 항상 중국 강남에서 오는 상인이 있으면 곧바로 만나보고 화약 만드는 법을 물었다. 어떤 상인 하나가 대강은 안다고 대답하자, 자기 집에 데려다가 의복과 음식을 주고 수십 일 동안 물어 대강의 요령을 터득했다. …… 왜선 3백여 척이 전라도 진포에 침입했을 때 조정에서 그가 만든 화약을 시험해 보고자 하였다.

① 황산 대첩에서 왜구를 토벌하였다.
② 왕에게 화통도감 설치를 건의하였다.
③ 전민변정도감의 책임자로 임명되었다.
④ 왜구의 소굴이었던 대마도를 정벌하였다.

문 20. 밑줄 친 '사건' 이후에 있었던 사실로 옳은 것은?

> 근대 신문
>
> [긴급 속보] 밤사이에 일어난 사건, 다행히 미수로 그쳐 …
>
> 남연군의 묘가 이틀 전 도굴꾼들로부터 도굴 당할 뻔하다 미수에 그쳤다. 근처에 살고 있던 지역 주민들이 그 만행을 필사적으로 막은 것이다. 도굴을 시도한 범인은 서양인으로 밝혀졌다. 그가 이러한 범행을 저지른 것은 우리나라와의 통상 수교 문제를 협상하기 위해서라고 전한 상태이다. 이에 영종 첨사는 "어찌 인간의 도리 상 차마 할 수 있는 일이겠는가?"라며 "네 놈들과 같은 하늘을 이고 살 수 없다."고 회답하였다고 한다. 이 사건으로 인해 우리나라가 서양 국가들과 수교를 할 일은 더더욱 없을 것으로 예상된다.
>
> ○○○ 기자

① 프랑스 선교사들이 처형되었다.
② 제너럴셔먼호 사건이 발생하였다.
③ 운요호가 영종도 일대에 출몰하였다.
④ 천주교도 황사영의 백서 사건이 벌어졌다.

제8회 실전모의고사

문 1. 신석기 시대에 대한 설명으로 옳은 것은?

① 권력을 가진 지배자가 등장하였다.
② 기원전 약 70만 년 전부터 시작되었다.
③ 대표적 유적지로 창원 다호리 등이 있다.
④ 농경이 시작되어 조와 기장 등을 경작하였다.

문 2. (가) 인물에 대한 설명으로 옳은 것은?

> 왕이 전교하기를, "군국기무처 회의 총재는 영의정인 (가) 이/가 맡고, 내무 독판 박정양, 강화 유수 김윤식, 외무 참의 유길준, 공조 참의 이응익 등은 모두 회의원으로 임명하니 크고 작은 사무를 협의하여 시행하도록 하라."고 하였다.

① 베델과 함께 대한매일신보를 창간하였다.
② 초대 주미 공사로 임명되어 미국에 파견되었다.
③ 열강이 보장하는 한반도 중립화론을 주장하였다.
④ 황준헌이 저술한 『조선책략』을 국내에 소개하였다.

문 3. (가) 인물이 집권한 시기의 사실로 옳은 것은?

> 최충헌 형제가 군사를 거느리고 궁문으로 나아가서 아뢰기를, " (가) 은/는 일찍이 임금을 시해한 대역의 죄를 범하고 왕위를 엿보았으니 신들이 미워한 지 오래되었습니다. 지금 나라를 위해 (가) 을/를 토벌하였으나, 다만 일이 누설될까 두려워 감히 명을 청하지 못하였으니 죽을 죄를 지었습니다."라고 하였다. 왕이 위로하고 타일렀다.

① 서경 유수 조위총이 난을 일으켰다.
② 김사미와 효심의 난이 발생하였다.
③ 만적이 개경에서 반란을 모의하였다.
④ 이연년 형제가 백제 부흥을 목표로 봉기하였다.

문 4. 다음 사건이 발생한 시기를 연표에서 옳게 고른 것은?

> 보온병과 도시락으로 위장한 폭탄을 몸에 지닌 윤봉길은 일본 군경의 삼엄한 경계망을 뚫고 기념식장에 들어가 군중 속에 섞여 있다가 폭탄 투척의 기회를 노렸다. 적의 수뇌부들이 모두 사령대에 모여 군중을 향해 연설할 때 윤봉길은 사령대를 향해 힘껏 폭탄을 투척하였다. 거대한 폭발음을 내며 폭탄이 터지면서 사령대 위에 있던 적의 수뇌부들이 죽거나 부상을 당하였다.

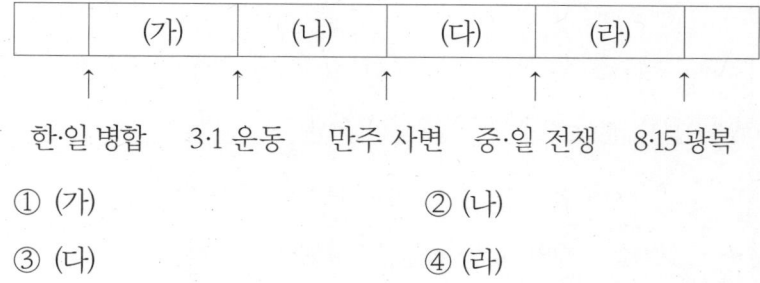

① (가)
② (나)
③ (다)
④ (라)

문 5. 다음 민주화 운동에 대한 설명으로 옳은 것은?

> 공수 부대는 처음에 몽둥이로, 다음은 대검과 총으로 우리 시민을 무차별 살해하였다. 또한, 도망간 사람까지 모두 잡아 그 즉시 살해하였고, 구경만 하던 어린이, 할머니까지 무차별 살해해서 우리 시민들은 좋지 못한 일인지 알면서도 공수 부대에 맞서기 위해 무기고를 털어 총으로 대전해 물리쳤다.

① 한·일 국교 정상화에 반대하여 일어났다.
② 이승만 대통령이 하야하는 계기가 되었다.
③ 직선제 개헌을 약속한 6·29 선언을 이끌어냈다.
④ 관련 기록물이 유네스코 세계 기록유산으로 등재되었다.

문 6. 밑줄 친 '왕'이 추진한 정책으로 옳은 것을 모두 고른 것은?

> 이인좌 등이 장례를 치른다고 거짓으로 꾸며 상여에 병기를 싣고 청주성 안으로 몰래 들어왔다. …… 왕이 교서를 내려 "착하지 못한 무리들이 세력을 합쳐 감히 오랫동안 병란이 없었던 시기를 틈타 일어나도록 하였으니, 자칫 한번 잘못했으면 전복될 뻔하였다." …… 역적 이인좌, 정희량 등을 능치처사하도록 명하였다.

㉠ 균역법을 시행하였다.
㉡ 인재를 양성하기 위한 초계문신제를 시행하였다.
㉢ 『동국문헌비고』를 편찬하여 문물과 제도를 정비하였다.
㉣ 당파의 옳고 그름을 명백히 가리는 준론 탕평을 실시하였다.

① ㉠, ㉡
② ㉠, ㉢
③ ㉡, ㉢
④ ㉢, ㉣

문 7. 다음 조약에 대한 설명으로 옳은 것은?

> 일본국 정부는 특명전권변리대신 육군 중장 겸 참의개척장관 구로다 기요타카와 특명부전권변리대신 의관 이노우에 가오루를 조선국 강화부에 이르도록 하고, 조선국 정부는 판중추부사 신헌과 부총관 윤자승을 뽑아 각자 받든 유지에 따라 의결한 조관을 아래에 열거한다.
>
> 제1관 조선국은 자주국이며 일본국과 평등한 권리를 보유한다.
> 제4관 조선 정부는 부산 외에 2개 항구를 개항하고 일본인이 와서 통상하는 것을 허가한다.

① 일본 공사관의 경비병 주둔을 허용하였다.
② 조선 해안의 자유로운 측량권을 인정하였다.
③ 일본 수출입 상품에 대한 관세가 규정되었다.
④ 거중조정과 최혜국 대우의 규정을 명시하였다.

문 8. (가) 시기에 발생한 사실로 옳지 않은 것은?

> 고려군이 공산에서 후백제군을 맞아 큰 전투를 벌였으나 전세가 불리하였다. …… 신숭겸과 김락이 힘껏 싸우다가 전사하였다.
>
> ↓
>
> (가)
>
> ↓
>
> 고려군과 후백제군이 일리천을 사이에 두고 대치하였다. …… 후백제의 장군들이 고려 군사의 형세가 큰 것을 보고, 갑옷과 무기를 버리고 항복하였다.

① 신라의 경순왕이 왕건에게 항복하였다.
② 후백제의 신검이 견훤을 금산사에 유폐시켰다.
③ 고려군이 고창 전투에서 후백제군을 격퇴하였다.
④ 발해가 거란 야율아보기의 침략을 받아 멸망하였다.

문 9. 다음 내용이 기록된 역사서에 대한 설명으로 옳은 것은?

> 곰과 호랑이가 찾아와 사람이 되기를 원하므로 환웅이 그들에게 쑥과 마늘을 주면서 "이것을 먹고 100일 동안 햇빛을 보지 않으면 사람이 될 것이다."라고 하였다. 곰은 이를 지켜 여자의 몸이 되었으나 호랑이는 이를 참지 못하고 뛰쳐나가 사람이 되지 못하였다. 여인이 된 웅녀는 혼인할 상대가 없었는데, 아기 갖기를 빌므로 환웅이 잠시 사람으로 변신하여 웅녀와 결혼하고 아들을 낳으니 단군왕검이라고 하였다.

① 시문집인 『동국이상국집』에 수록되어 전한다.
② 유교적 합리주의 사관에 기초하여 기전체로 서술되었다.
③ 「왕력」, 「기이」, 「흥법」, 「탑상」 등으로 구성되었다.
④ 진흥왕의 명을 받아 거칠부가 편찬하였다.

문 10. 다음 글을 작성한 인물이 속한 부대에 대한 설명으로 옳은 것은?

> 드디어 3개월간의 제1기생 50명의 OSS 특수 공작 훈련이 끝났다. 나는 무전 기술 등의 시험에서 괜찮은 성적을 받았고 국내로 침투하여 모든 공작을 훌륭하게 수행할 수 있는 자신을 얻었다. …… 제1기생 훈련이 성공적으로 끝나자 우리는 말할 것도 없고 미군도 대만족하여 즉각 국내로 침투시킬 계획을 작성하였다.

① 양세봉을 중심으로 남만주 지역에서 활동하였다.
② 초기에는 중국 군사 위원회의 지휘와 간섭을 받았다.
③ 쌍성보 전투, 대전자령 전투 등에서 일본군을 물리쳤다.
④ 조선 민족 전선 연맹이 중국 국민당의 지원을 받아 창설하였다.

문 11. 다음 담화문을 발표한 정부 시기의 사실로 옳은 것은?

> 드디어 우리는 금융 실명제를 실시합니다. 이 시간 이후 모든 금융 거래는 실명으로만 이루어집니다. 금융 실명제가 실시되지 않고는 이 땅의 부정부패를 원천적으로 봉쇄할 수가 없습니다. 정치와 경제의 검은 유착을 근원적으로 단절할 수가 없습니다. …… 금융 실명제는 '신한국'의 건설을 위해서, 그 어느 것보다도 중요한 제도 개혁입니다.

① 지방 자치제가 전면적으로 실시되었다.
② 거대 여당인 민주 자유당이 창당되었다.
③ 민주 헌법 쟁취 국민 운동 본부가 결성되었다.
④ 근로 조건 개선을 요구하며 전태일이 분신 자살하였다.

문 12. 다음 자료에서 제시된 책을 편찬한 인물에 대한 설명으로 옳은 것은?

> ♣ 역사 선생님이 추천하는 이 달의 도서
>
>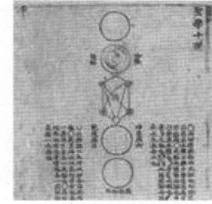
>
> ■ 책 소개(저자)
> "이제 이 도(圖)와 해설을 만들어 겨우 열 폭밖에 되지 않는 종이에 풀어 놓았습니다만, 이것을 생각하고 익혀서 평소에 조용히 혼자 계실 때에 공부하소서."
>
> ■ 역사 선생님의 한줄평
> 조선 전기 어린 소년이었던 선조가 즉위하자, 군주 스스로가 노력해서 성학을 따를 것을 조언한 책이에요.
>
> ○○학교 ○○ 도서관
> ○○○○년 ○○월 ○○일

① 예안 향약을 만들었다.
② 『격몽요결』, 『동호문답』 등을 저술하였다.
③ 노장 사상을 포용하고 학문의 실천성을 강조하였다.
④ 우주를 무한하고 영원한 기로 보는 태허설을 제기하였다.

문 13. 발해에 대한 설명으로 옳은 것을 모두 고른 것은?

> ㉠ 상경성은 당나라의 수도인 장안을 본떠 건설하였다.
> ㉡ 중앙군인 10위가 왕궁과 수도의 경비를 담당하였다.
> ㉢ 유학 교육 기관인 주자감을 설치하여 인재를 양성하였다.
> ㉣ 주민 중 다수는 말갈인으로, 이들은 지배층에 편입되지 못하였다.

① ㉠, ㉡
② ㉢, ㉣
③ ㉠, ㉡, ㉢
④ ㉠, ㉡, ㉢, ㉣

문 14. 밑줄 친 '왕'에 대한 설명으로 옳은 것은?

> 왕이 국학에 섬학전을 설치하였다. 과거에 안향이 학교 교육이 크게 무너지고 유학이 날로 쇠퇴하는 것을 우려하여 양부와 의논하기를, "재상의 직책은 인재를 양성하는 것보다 더 급한 것이 없는데, 이제 양현고가 탕진되어 교육에 쓸 자금이 없으니, 청컨대, 6품 이상은 각기 은 한 근씩을 내고 7품 이하는 등급에 따라 베를 내게 하여 양현고에 귀속시켜서 본전은 그대로 두고 이식을 받아서 영구히 교육 자금으로 만드소서." 하니, 양부에서 이를 좇았다. 그 사실이 보고되니, 왕이 돈과 양곡을 내어 보조하였다.

① 원의 수시력을 채택하였다.
② 기철을 제거하고 정동행성 이문소를 혁파하였다.
③ 도병마사를 도평의사사로 개편하여 국정을 총괄하게 하였다.
④ 왕명의 출납과 문서를 작성하는 관청인 사림원을 설치하였다.

문 15. 조선 후기의 미술에 대한 설명으로 옳지 않은 것은?

① 서민의 일상 생활을 표현한 풍속화가 그려졌다.
② 서양식 원근법을 적용한 '영통동구도'가 그려졌다.
③ '고사관수도'와 같은 낭만적인 문인화가 유행하였다.
④ 우리의 자연을 사실적으로 표현한 진경 산수화가 유행하였다.

문 16. (가), (나) 사이에 있었던 사실로 옳은 것은?

> (가) 일본 장교는 군사의 대오를 정렬하여 문을 에워싸고 지키도록 명령하여 흉악한 일본 자객들이 왕후를 수색하는 것을 도왔다. …… 자객들은 마침내 깊은 방 안에서 왕후를 찾아내고 칼로 범하였다.
>
> (나) 여러 신하들과 백성들이 한 목소리로 대궐에 호소하면서 수십 차례나 상소를 올려 황제의 칭호를 올리려고 하였는데, 짐이 누차 사양하다가 끝내 사양할 수 없어서 황제의 자리에 올랐다. 국호를 '대한'으로 정하였다.

① 장인환이 외교 고문인 스티븐스를 사살하였다.
② 개혁 추진 기구인 교정청이 설치되었다.
③ 고종이 러시아 공사관으로 거처를 옮겼다.
④ 영국 함대가 거문도를 불법 점령하였다.

문 17. (가) 종교에 대한 설명으로 옳은 것을 모두 고른 것은?

> 몇 달 전부터 서울에서는 (가) 교도들에 대한 이야기밖에 없습니다. …… 사흘 전 이들의 대표 21명이 궁궐 문 앞에 모여 엎드려 절하고 상소를 올렸으나 국왕은 상소 접수를 거부하였습니다. 교도들은 처형된 교조 최제우를 복권하고 (가) 을/를 인정해 줄 것을 정부에 청원하였습니다. …… 그러나 이는 조선 국왕이 들어줄 수 없는 사안들이었습니다.

> ㉠ 시천주와 인내천 사상을 강조하였다.
> ㉡ 조상에 대한 제사 의식을 거부하였다.
> ㉢ 중광단을 조직하여 무장 투쟁을 전개하였다.
> ㉣ 교리를 정리한 『동경대전』을 경전으로 삼았다.

① ㉠, ㉢
② ㉠, ㉣
③ ㉡, ㉢
④ ㉡, ㉣

문 18. (가) 국가의 통치 체제로 옳은 것은?

> (가) 의 시조는 성(姓)이 박씨이고 이름은 혁거세이다. 고허촌장 소벌공이 나정 근처의 숲속에서 말이 울고 있어서 가서 보니 문득 말은 보이지 않고 단지 큰 알만 있었다. 이를 쪼개니 어린아이가 나와서 거둬 길렀다. 나이가 10여 세에 이르자 영리하고 지혜로우며 어른스러웠다. 사람들은 출생이 신비하고 기이하여 그를 받들어 존경하였는데, 이때에 이르러 그를 임금으로 세웠다.

① 수도는 5부, 지방은 5방으로 정비하였다.
② 형 계열과 사자 계열로 관등을 구분하였다.
③ 소경(小京)이라는 특수 행정 구역을 설치하였다.
④ 정당성을 관장하는 대내상이 국정을 총괄하였다.

문 19. 밑줄 친 '그'에 대한 설명으로 옳은 것은?

> 그는 일찍이 승려가 되어 백현원에 살았는데 몽골군이 오자 처인성으로 난을 피하였다. 몽골군이 처인성을 공격하자 그는 몽골 장수인 살리타를 활로 쏴 죽였다. 왕이 그 공을 가상히 여겨 상장군을 제수하였으나, 그는 공을 다른 사람에게 양보하며 말하기를, "싸울 때를 당하여 나는 활과 화살이 없었는데 어찌 감히 헛되이 무거운 상을 받으리오." 하고 굳이 사양하고 받지 않았다.

① 몽골군의 침입에 맞서 귀주성에서 항전하였다.
② 삼별초를 지휘하며 제주도로 근거지를 옮겼다.
③ 왕에게 군사 조직인 별무반의 창설을 건의하였다.
④ 충주성 방호별감으로 충주 전투에서 몽골군을 격퇴하였다.

문 20. 밑줄 친 '탑'에 대한 설명으로 옳은 것은?

> 자장은 당나라 황제가 준 불경과 불상 등을 가지고 귀국해서 탑을 세울 일을 왕에게 아뢰었다. 왕이 여러 신하들과 의논하였는데, 신하들이 말하였다. "백제에 장인들을 청한 이후에야 일을 이룰 수 있을 것입니다." 그래서 보물과 비단을 가지고 백제에 가서 장인을 부탁하였다. 아비지라는 공장이 명을 받고 와 탑을 건축하고, 용춘이 주관하여 장인들을 통솔하였다.

① 돌을 벽돌 모양으로 다듬어 쌓았다.
② 고려 시대에 몽골의 침입으로 소실되었다.
③ 우리나라의 중앙부에 위치하여 중앙탑이라고도 불린다.
④ 탑을 보수하는 과정에서 금제 사리 봉안기가 발견되었다.

여러분의 합격을 응원하는
해커스공무원의 특별 혜택

📄 시대별 막판 암기 점검[PDF]   📄 OMR 답안지[PDF]

해커스공무원(gosi.Hackers.com) 접속 후 로그인 ▶ 상단의 [교재·서점 → 무료 학습 자료] 클릭 ▶
본 교재의 [자료받기] 클릭하여 이용

🎟 해커스공무원 온라인 단과강의 20% 할인쿠폰

A87E48FBDB25D8SG

해커스공무원(gosi.Hackers.com) 접속 후 로그인 ▶ 상단의 [나의 강의실] 클릭 ▶
좌측의 [쿠폰등록] 클릭 ▶ 위 쿠폰번호 입력 후 이용

* 등록 후 7일간 사용 가능(ID당 1회에 한해 등록 가능)

FREE 공무원 한국사 특강

해커스공무원(gosi.Hackers.com) 접속 후 로그인 ▶ 상단의 [무료강좌] 클릭 후 이용

FREE 공무원 면접 특강

해커스공무원(gosi.Hackers.com) 접속 후 로그인 ▶ 상단의 [무료강좌] 클릭 후 이용

쿠폰 이용 관련 문의 1588-4055

단기 합격을 위한
해커스공무원 커리큘럼

입문
탄탄한 기본기와 핵심 개념 완성!

누구나 이해하기 쉬운 개념 설명과 풍부한 예시로 부담없이 쌩기초 다지기

TIP 베이스가 있다면 **기본 단계**부터!

기본+심화
필수 개념 학습으로 이론 완성!

반드시 알아야 할 기본 개념과 문제풀이 전략을 학습하고
심화 개념 학습으로 고득점을 위한 응용력 다지기

기출+예상 문제풀이
문제풀이로 집중 학습하고 실력 업그레이드!

기출문제의 유형과 출제 의도를 이해하고 최신 출제 경향을 반영한
예상문제를 풀어보며 본인의 취약영역을 파악 및 보완하기

동형문제풀이
동형모의고사로 실전력 강화!

실제 시험과 같은 형태의 실전모의고사를 풀어보며 실전감각 극대화

최종 마무리
시험 직전 실전 시뮬레이션!

각 과목별 시험에 출제되는 내용들을 최종 점검하며 실전 완성

PASS

* 커리큘럼 및 세부 일정은 상이할 수 있으며,
자세한 사항은 해커스공무원 사이트에서 확인하세요.

**단계별 교재 확인 및
수강신청은 여기서!**

gosi.Hackers.com

MEMO

MEMO

MEMO

16 근대 | 을미사변과 대한 제국 선포 사이의 사실 난이도 중 ●●○

자료 분석
(가) 일본 자객들은 왕후(명성 황후)를 찾아내고 칼로 범함 → 을미사변(1895)
(나) 짐(고종)이 황제의 자리에 오름 + 국호를 '대한'으로 정함 → 대한 제국 선포(1897)

정답 설명
③ 고종은 (가)와 (나) 사이 시기인 1896년에 신변의 안전을 꾀하고, 일본의 간섭과 위협에서 벗어나기 위하여 러시아 공사관으로 거처를 옮겼다(아관파천).

오답 분석
① (나) 이후: 장인환이 미국 샌프란시스코에서 외교 고문인 스티븐스를 사살한 것은 1908년으로, (나) 이후의 사실이다.
② (가) 이전: 개혁 추진 기구인 교정청이 설치된 것은 1894년으로, (가) 이전의 사실이다. 교정청은 전주 화약 체결 이후에 동학 농민군의 요구 사항을 수용하고, 자주적 개혁을 추진하기 위해 조선 정부가 설치한 기구이다.
④ (가) 이전: 영국이 러시아의 남하를 막는다는 구실로 거문도를 불법 점령한 것은 1885년부터 1887년까지의 사실로, (가) 이전의 사실이다.

17 조선 후기 | 동학 난이도 중 ●●○

자료 분석
궁궐 문 앞에 엎드려 절하고 상소를 올림 + 교조 최제우의 복권을 정부에 청원 → 교조 신원 운동 → (가) 동학

정답 설명
② 옳은 것을 모두 고르면 ㉠, ㉣이다.
㉠ 동학은 하느님을 모신다는 시천주 사상과 모든 인간은 곧 하늘이라는 인내천 사상을 강조하였다.
㉣ 동학은 최제우가 교리를 정리해 지은 『동경대전』을 경전으로 삼았다.

오답 분석
㉡ 천주교: 조상에 대한 제사 의식을 거부한 종교는 천주교이다. 한편, 동학은 제사 의식을 거부하지 않았다.
㉢ 대종교: 북간도 지역에서 중광단을 조직하여 무장 투쟁을 전개한 종교는 단군 신앙을 기반으로 나철이 창시한 대종교이다.

이것도 알면 합격!

동학

창시	철종 때 경주 지역 잔반 출신 최제우가 창시(1860)
성격	유교 + 불교 + 도교 + 천주교의 일부 교리 + 민간 신앙 융합
사상	평등 사상(시천주, 인내천 사상), 보국안민(반외세), 후천개벽(반봉건)
확산	민중들의 지지를 받으며 삼남 지방을 중심으로 확산됨
탄압	혹세무민이라는 죄목으로 1대 교주 최제우가 처형됨
교단 정비	2대 교주 최시형이 최제우가 지은 『동경대전』과 『용담유사』를 간행하여 교리를 정리하고 포접제를 통해 교단 조직을 정비함

18 고대 | 신라의 통치 체제 난이도 중 ●●○

자료 분석
시조는 성이 박씨이고 이름은 혁거세 → (가) 신라

정답 설명
③ 신라는 새로 영토로 편입한 지역의 통제력을 강화하기 위해 소경(小京)이라는 특수 행정 구역을 설치하였다.

오답 분석
① 백제: 수도는 5부(상·하·전·후·중), 지방은 5방(동·서·남·북·중)으로 나누어 정비한 국가는 백제이다.
② 고구려: 연장자·족장이라는 의미의 형 계열과 행정적 관료 출신의 사자 계열로 관등을 구분한 국가는 고구려이다.
④ 발해: 정당성을 관장하는 대내상이 국정을 총괄한 국가는 발해이다.

19 고려 시대 | 김윤후 난이도 중 ●●○

자료 분석
몽골 장수인 살리타를 활로 쏴 죽임 → 김윤후

정답 설명
④ 김윤후는 충주성 방호별감으로, 몽골의 5차 침입 때 충주 전투에서 몽골군을 격퇴하였다.

오답 분석
① 박서: 몽골의 1차 침입 때 몽골군의 침입에 맞서 귀주성에서 항전한 인물은 박서이다.
② 김통정: 삼별초를 지휘하며 진도에서 제주도로 근거지를 옮겨 대몽 항쟁을 전개한 인물은 김통정이다.
③ 윤관: 왕에게 군사 조직인 별무반의 창설을 건의한 인물은 윤관이다.

20 고대 | 경주 황룡사 9층 목탑 난이도 하 ●○○

자료 분석
자장이 탑을 세울 일을 왕에게 아뢰었음 + 아비지라는 공장이 탑을 건축함 → 경주 황룡사 9층 목탑

정답 설명
② 경주 황룡사 9층 목탑은 신라 선덕 여왕 때 자장의 건의로 건립되었으나, 고려 시대에 몽골의 침입으로 소실되었다.

오답 분석
① 경주 분황사 모전 석탑: 돌을 벽돌 모양으로 다듬어 쌓은 탑은 경주 분황사 모전 석탑이다.
③ 충주 탑평리 7층 석탑: 우리나라의 중앙부에 위치하여 중앙탑이라고도 불린 탑은 충주 탑평리 7층 석탑이다.
④ 익산 미륵사지 석탑: 탑을 보수하는 과정에서 금제 사리 봉안기가 발견된 탑은 익산 미륵사지 석탑이다.

오답 분석

① **조선 혁명군**: 양세봉을 중심으로 남만주 지역에서 활동한 부대는 조선 혁명군이다.
③ **한국 독립군**: 쌍성보 전투, 대전자령 전투 등에서 일본군을 물리친 부대는 한국 독립군이다.
④ **조선 의용대**: 조선 민족 전선 연맹이 중국 국민당의 지원을 받아 창설한 부대는 조선 의용대이다. 조선 의용대는 중국 관내에서 조직된 최초의 한국인 군사 조직이었다.

---

11 현대 | 김영삼 정부 시기의 사실 난이도 하 ●○○

자료 분석

금융 실명제를 실시 → 김영삼 정부(1993~1998)

정답 설명

① 김영삼 정부 시기인 1995년에 지방 자치 단체장 선거를 시행하여 지방 자치제를 전면적으로 실시하였다.

오답 분석

② **노태우 정부**: 3당 합당으로 거대 여당인 민주 자유당이 창당된 것은 1990년으로, 노태우 정부 시기의 사실이다.
③ **전두환 정부**: 4·13 호헌 조치 철회와 직선제로의 개헌을 위해 야당 정치인과 시민 단체, 종교계 인사 등이 민주 헌법 쟁취 국민 운동 본부를 결성한 것은 1987년으로, 전두환 정부 시기의 사실이다.
④ **박정희 정부**: 근로 조건 개선을 요구하며 전태일이 분신 자살한 것은 1970년으로, 박정희 정부 시기의 사실이다.

---

12 조선 전기 | 이황 난이도 중 ●●○

자료 분석

도(그림)와 해설을 만들었음 + 군주 스스로가 노력하여 성학을 따를 것을 조언함 → 이황

정답 설명

① 이황은 조광조가 소개한 중국의 여씨 향약을 토대로 경북 안동의 예안 지방에서 예안 향약을 만들어 보급하였다.

오답 분석

② **이이**: 성리학 초심자들을 위한 유학 교재인 『격몽요결』과 왕도 정치의 이상을 문답체로 작성한 『동호문답』 등을 저술한 인물은 이이이다.
③ **조식**: 노장 사상을 포용하고 학문의 실천성을 위해 경(敬)과 의(義)를 강조한 인물은 남명학파의 조식이다.
④ **서경덕**: 우주를 무한하고 영원한 기로 보는 태허설을 제기한 인물은 서경덕이다. 서경덕은 우주를 존재와 비존재, 생성과 소멸의 연속성을 가진 무한하고 영원한 기(氣)와 허(虛)로 인식하였다.

---

13 고대 | 발해 난이도 중 ●●○

정답 설명

③ 옳은 것을 모두 고르면 ㉠, ㉡, ㉢이다.
㉠ 발해의 상경성은 당나라의 수도인 장안을 본떠 건설한 계획 도시로, 외성을 쌓고 남북으로 넓은 주작대로를 내었다.
㉡ 발해는 중앙군인 10위가 왕궁과 수도의 경비를 담당하였다.
㉢ 발해는 유학 교육 기관인 주자감을 설치하여 인재를 양성하였다.

오답 분석

㉣ 발해의 주민 중 다수는 말갈인이 맞지만, 이들 중 일부는 지배층에 편입되는 경우도 있었다.

---

14 고려 시대 | 충렬왕 난이도 중 ●●○

자료 분석

국학에 섬학전을 설치함 → 충렬왕

정답 설명

③ 충렬왕은 국방 문제를 논의하던 회의 기구인 도병마사를 도평의사사로 개편하고 국정을 총괄하게 하였다.

오답 분석

① **충선왕**: 원의 수시력을 채택하여 수시력의 이론과 계산법을 사용하도록 한 왕은 충선왕이다.
② **공민왕**: 대표적인 친원파인 기철을 제거하고, 고려의 내정을 간섭하던 정동행성 이문소를 혁파한 왕은 공민왕이다.
④ **충선왕**: 왕명의 출납과 문서를 작성하고 인사 행정을 관장하는 관청인 사림원을 설치한 왕은 충선왕이다.

---

15 조선 후기 | 조선 후기의 미술 난이도 중 ●●○

정답 설명

③ '고사관수도'와 같은 낭만적인 문인화가 유행한 시기는 조선 전기이다. '고사관수도'는 조선 전기의 문인 화가인 강희안이 깎아 자른듯한 절벽을 배경으로 바위에 기대어 엎드린 채 수면을 바라보며 명상에 잠겨 있는 선비의 유유자적한 모습을 낭만적으로 표현한 그림이다.

오답 분석

① 조선 후기에는 여러 계층 사람들의 일상을 생동감 있게 표현한 풍속화가 그려졌으며, 대표적인 작품으로는 김홍도의 씨름, 신윤복의 단오풍정 등이 있다.
② 조선 후기에는 서양식 원근법을 적용한 강세황의 '영통동구도'와 같은 그림이 그려졌다.
④ 조선 후기에는 우리의 자연을 사실적으로 표현한 진경 산수화가 유행하였으며, 대표적인 작품으로는 정선의 인왕제색도 등이 있다.

오답 분석

① 6·3 항쟁: 박정희 정부가 추진한 굴욕적인 한·일 국교 정상화에 반대하여 일어난 것은 6·3 항쟁이다.
② 4·19 혁명: 이승만 대통령이 하야하는 계기가 된 것은 4·19 혁명이다.
③ 6월 민주 항쟁: 여당 대통령 후보인 노태우가 대통령 직선제 개헌을 약속한 6·29 선언을 이끌어 낸 것은 6월 민주 항쟁이다.

06 조선 후기 | 영조의 정책 난이도 중 ●●○

자료 분석

역적 이인좌 등을 능지처사하도록 명함 → 이인좌의 난 → 영조

정답 설명

② 옳은 것을 모두 고르면 ㉠, ㉢이다.
㉠ 영조는 군역의 폐단을 시정하고 백성들의 군포 부담을 줄이기 위해 1년에 1필로 군포를 줄이는 균역법을 시행하였다.
㉢ 영조는 우리나라의 문물과 제도 등을 정리한 백과사전인 『동국문헌비고』를 편찬하여 문물과 제도를 정비하였다.

오답 분석

㉡ 정조: 인재를 양성하기 위해 초계문신제를 시행한 왕은 정조이다. 초계문신제는 신진 인물이나 중·하급 관리 중에서 유능한 문신들을 재교육하여 인재를 양성하는 제도이다.
㉣ 정조: 당파의 옳고 그름을 명백히 가리는 준론 탕평을 실시한 왕은 정조이다. 한편, 영조는 당파와 관계없이 온건하고 타협적인 인물을 등용하는 완론 탕평을 실시하였다.

07 근대 | 강화도 조약 난이도 중 ●●○

자료 분석

조선국은 자주국 + 부산 외에 2개 항구를 개항 → 강화도 조약

정답 설명

② 강화도 조약의 제7관에는 일본국 항해자가 조선의 해안을 자유롭게 측량할 수 있는 권리를 인정하는 내용이 명시되었다.

오답 분석

① 제물포 조약: 일본 공사관의 경비병 주둔을 허용한 조약은 제물포 조약이다. 제물포 조약은 임오군란으로 인해 일본 공사관이 습격당하자 조선이 일본측에 배상금을 지불하고 조선 주재 일본 공사관의 방어를 위한 일본 경비병의 주둔을 허용하였다.
③ 조·일 통상 장정 개정: 일본 수출입 상품에 대한 관세가 규정된 것은 조·일 통상 장정 개정(1883)이다. 한편, 강화도 조약에는 일본 수출입 상품에 대한 관세가 규정되지 않았다.
④ 조·미 수호 통상 조약: 거중조정과 최혜국 대우의 규정을 명시한 조약은 조·미 수호 통상 조약이다. 조·미 수호 통상 조약의 제1관에는 타국이 불미스러운 사건을 일으키면 즉각 통지하여 반드시 서로 돕고, 적절한 조치를 취한다는 거중조정의 원칙이 규정되었으며, 제14관에는 타국에 부여한 혜택을 미국인에게도 동일하게 부여한다는 최혜국 대우 조항이 규정되었다.

08 고려 시대 | 공산 전투와 일리천 전투 사이의 사실 난이도 중 ●●○

자료 분석

공산 전투(927) → (가) → 일리천 전투(936)

정답 설명

④ 발해가 거란 야율아보기의 침략을 받아 멸망한 것은 926년으로, 공산 전투 이전의 사실이다.

오답 분석

모두 (가) 시기에 발생한 사실이다.
① 신라 경순왕은 중앙 정치의 문란과 지방 통제 기능의 상실, 후백제의 침략 등으로 국가 유지가 어려워지자 고려의 왕건에게 항복하였다(935).
② 후백제의 신검은 첫째 아들인 자신 대신에 넷째 아들인 금강에게 왕위를 물려주려고 한 견훤을 금산사에 유폐하였다(935).
③ 고려군은 고창(안동) 전투에서 견훤이 이끄는 후백제군을 격퇴(930)시켰고, 이를 계기로 고려가 후삼국의 주도권을 장악하였다.

09 고려 시대 | 『삼국유사』 난이도 하 ●○○

자료 분석

환웅이 웅녀와 결혼하여 아들을 낳아 단군왕검이라고 함 → 단군 신화 → 『삼국유사』

정답 설명

③ 『삼국유사』는 충렬왕 때 일연이 편찬하였으며 「왕력」, 「기이」, 「흥법」, 「탑상」, 「의해」 등으로 구성되었다. 한편, 단군 신화는 『삼국유사』의 「기이」 편에 수록되어 있다.

오답 분석

① 『동명왕편』: 이규보의 시문집인 『동국이상국집』에 수록되어 전한 것은 『동명왕편』이다.
② 『삼국사기』: 유교적 합리주의 사관에 기초하여 기전체로 서술된 것은 『삼국사기』이다.
④ 『국사』: 진흥왕의 명을 받아 거칠부가 신라 왕조의 역사를 편찬한 것은 『국사』이다.

10 일제 강점기 | 한국광복군 난이도 중 ●●○

자료 분석

OSS 특수 공작 훈련 + 국내로 침투시킬 계획을 작성 → 한국광복군

정답 설명

② 한국광복군은 중국의 재정 원조 및 승인을 받는 조건으로 한국광복군 행동 9개 준승을 체결하는 등 초기에는 중국 군사 위원회의 지휘와 간섭을 받았다.

제8회 정답·해설

정답 한눈에 보기

01	④	02	④	03	②	04	③	05	④
06	②	07	②	08	④	09	③	10	②
11	①	12	①	13	③	14	③	15	③
16	③	17	②	18	③	19	④	20	②

01 선사 시대 | 신석기 시대   난이도 하 ●○○

정답 설명
④ 신석기 시대에는 농경이 시작되면서 조와 기장 등의 곡물을 경작하였다.

오답 분석
① 청동기 시대: 권력을 가진 지배자가 등장한 시대는 청동기 시대이다.
② 구석기 시대: 기원전 약 70만 년 전부터 시작된 시대는 구석기 시대이다.
③ 철기 시대: 대표적 유적지로 창원 다호리 등이 있는 시대는 철기 시대이다.

02 근대 | 김홍집   난이도 중 ●●○

자료 분석
군국기무처 회의 총재를 맡음 → (가) 김홍집

정답 설명
④ 김홍집은 제2차 수신사로 일본에 다녀오면서 황준헌(황쭌셴)이 저술한 『조선책략』을 가져와 국내에 소개하였다.

오답 분석
① 양기탁: 영국인 기자 베델과 함께 대한매일신보를 창간한 인물은 양기탁이다.
② 박정양: 초대 주미 공사로 임명되어 미국에 파견된 인물은 박정양이다.
③ 유길준: 갑신정변 이후 한반도를 둘러싼 열강들의 대립과 경쟁이 심화되자, 열강이 보장하는 한반도 중립화론을 주장한 인물은 유길준이다.

03 고려 시대 | 이의민 집권 시기의 사실   난이도 중 ●●○

자료 분석
일찍이 임금을 시해한 죄를 범함 + 최충헌 형제가 토벌함 → (가) 이의민

정답 설명
② 이의민 집권 시기인 1193년에 김사미는 운문(청도), 효심은 초전(울산)에서 신라 부흥을 표방하며 난을 일으켰다.

오답 분석
① 정중부 집권 시기: 서경 유수 조위총이 무신 정권에 반대하며 난을 일으킨 것은 1174년으로, 정중부 집권 시기의 사실이다.
③ 최충헌 집권 시기: 만적이 개경에서 반란을 모의한 것은 1198년으로, 최충헌 집권 시기의 사실이다.
④ 최우 집권 시기: 이연년 형제가 백제 부흥을 목표로 담양에서 봉기한 것은 1237년으로, 최우 집권 시기의 사실이다.

이것도 알면 합격!

무신 집권기 하층민의 봉기

망이·망소이의 난(1176)	망이·망소이가 신분 차별에 반대하며 공주 명학소에서 봉기 → 명학소가 일시적으로 충순현으로 승격
전주 관노의 난 (죽동의 난, 1182)	지방관의 횡포에 반발하여 전주의 관노와 농민 등이 봉기
김사미·효심의 난(1193)	김사미는 운문(청도), 효심은 초전(울산)에서 신라 부흥을 표방하며 봉기
만적의 난 (1198)	최충헌의 사노비인 만적이 개경에서 신분 해방을 목표로 반란을 모의하였으나, 사전에 발각되어 실패

04 일제 강점기 | 윤봉길의 훙커우 공원 의거   난이도 하 ●○○

자료 분석
보온병과 도시락으로 위장한 폭탄 + 윤봉길이 폭탄을 투척 → 윤봉길의 훙커우 공원 의거(1932)
(가) 한·일 병합(1910) ~ 3·1 운동(1919)
(나) 3·1 운동(1919) ~ 만주 사변(1931)
(다) 만주 사변(1931) ~ 중·일 전쟁(1937)
(라) 중·일 전쟁(1937) ~ 8·15 광복(1945)

정답 설명
③ 윤봉길의 훙커우 공원 의거는 (다) 시기인 1932년에 발생하였다. 한인 애국단원인 윤봉길은 일본 천황의 생일과 상하이 점령 기념식이 열린 훙커우 공원에 폭탄을 투척하여 다수의 일본인 고위 관료를 살상하였다.

05 현대 | 5·18 민주화 운동   난이도 중 ●●○

자료 분석
시민들이 공수 부대에 맞서기 위해 무기고를 털어 총으로 물리침 → 5·18 민주화 운동

정답 설명
④ 5·18 민주화 운동 당시 공공기관이 생산한 자료 및 선언문, 시민들의 기록과 증언, 사진 등의 관련 기록물(5·18 민주화 운동 기록물)은 2011년에 유네스코 세계 기록유산으로 등재되었다.

정답 설명
③ 6·15 남북 공동 선언의 결과 남북 간 경제 협력 사업의 하나로 개성 공단이 건설되었다.

오답 분석
① 7·4 남북 공동 성명: 서울과 평양 사이에 상설 직통 전화를 개설하기로 합의한 것은 7·4 남북 공동 성명이다.
② 6·15 남북 공동 선언은 노태우 정부 때가 아닌 김대중 정부 때 발표되었다.
④ 7·4 남북 공동 성명: 자주·평화·민족적 대단결이라는 통일의 3대 원칙에 합의한 것은 7·4 남북 공동 성명이다.

17 조선 후기 | 조선 후기의 역사서 난이도 상 ●●●

정답 설명
② 임상덕은 『동사회강』에서 기자 조선과 마한을 정통으로 인정하지 않았다. 임상덕의 『동사회강』은 삼국 이전을 편년에서 삭제하였고, 신라 통일 이후와 고려 통일 이후를 정통으로 보았다.

오답 분석
① 한치윤은 중국 및 일본의 자료를 참고하여 고조선부터 고려 시대까지의 역사를 기록한 『해동역사』를 저술하였다.
③ 홍만종은 『동국역대총목』에서 단군 조선을 우리 역사의 시작으로 규정하였으며, 단군 조선 – 기자 조선 – 마한 – 통일 신라로 이어지는 정통론을 제시하였다.
④ 이긍익은 조선 시대의 정치와 문화를 야사를 중심으로 정리한 『연려실기술』을 저술하였다.

이것도 알면 합격!

조선 후기의 역사서

저서	특징
『동국역대총목』 (홍만종)	• 단군의 정통성을 강조한 편년체 사서 • '단군 조선 – 기자 조선 – 마한 – 통일 신라'로 이어지는 정통론을 제시
『동사회강』 (임상덕)	• 삼국~고려 시대까지의 역사를 강목체로 서술 • 마한을 정통으로 인정하지 않고 삼국을 무통으로 간주
『연려실기술』 (이긍익)	• 조선의 정치와 문화를 기사본말체로 서술 • 객관적이고 실증적으로 서술한 야사 총서
『해동역사』 (한치윤)	• 고조선~고려 말까지의 역사를 기전체로 서술 • 540여 종의 중국·일본 자료 참고

18 고대 | 삼국 시대의 금석문 난이도 중 ●●○

자료 분석
(가) 한반도에 남아 있는 유일한 고구려 비석 → 충주 고구려비
(나) 진흥왕 순수비 중 가장 먼저 발견됨 + 김정희가 비문을 고증함 → 황초령비

정답 설명
② 바르게 연결하면 (가) 충주 고구려비, (나) 황초령비이다.
(가) 충주 고구려비는 한반도에 남아 있는 유일한 고구려 비석으로, 고구려가 한강을 넘어 충주까지 진출하였음을 보여주는 유적이다.
(나) 황초령비는 신라가 함경도 지방에 진출한 이후 세운 비석으로, 진흥왕 순수비 중 가장 먼저 발견되었으며 추사 김정희가 비문을 고증하였다.

오답 분석
• 광개토 대왕릉비: 광개토 대왕릉비는 장수왕이 아버지인 광개토 대왕의 업적을 기념하기 위해 건립한 것이다.
• 마운령비: 마운령비는 신라가 함경도 지방에 진출한 이후 세워진 진흥왕 순수비 중 하나로, '태창'이라는 연호 사용, 6부명, 관직과 관등 등의 내용이 기록되어 있다.

19 고려 시대 | 최무선 난이도 중 ●●○

자료 분석
화약 + 왜구가 진포에 침입했을 때 그가 만든 화약을 시험 → 최무선

정답 설명
② 최무선은 우왕에게 화약 및 화기의 제조를 담당하는 화통도감의 설치를 건의하였다.

오답 분석
① 이성계: 황산 대첩에서 적장 아지발도를 사살하고 왜구를 토벌한 인물은 이성계이다.
③ 신돈: 전민변정도감의 책임자로 임명되어 개혁을 실시한 인물은 신돈이다.
④ 박위, 김사형, 이종무 등: 왜구의 소굴이었던 대마도를 정벌한 인물에는 박위(고려 창왕), 김사형(조선 태조), 이종무(조선 세종) 등이 있다.

20 근대 | 오페르트 도굴 사건 이후의 사실 난이도 중 ●●○

자료 분석
남연군의 묘 + 서양인이 도굴하려 함 → 오페르트 도굴 사건(1868)

정답 설명
③ 오페르트 도굴 사건 이후인 1875년에 운요호가 영종도 일대에 출몰하여 강화도와 영종도를 공격하며 통상을 요구하였다.

오답 분석
모두 오페르트 도굴 사건 이전의 사실이다.
① 흥선 대원군에 의해 프랑스 선교사 및 천주교도들이 처형된 병인박해가 일어난 것은 1866년의 사실이다.
② 평양감사 박규수와 관민들에 의해 제너럴셔먼호가 침몰한 제너럴셔먼호 사건이 발생한 것은 1866년의 사실이다.
④ 천주교도 황사영이 신유박해의 전말과 군대를 보내줄 것을 요청하는 내용을 적어 북경에 보내려고 한 황사영 백서 사건이 벌어진 것은 1801년의 사실이다.

11 고대 | 진성 여왕 재위 시기의 사실 난이도 중 ●●○

자료 분석
각간 위홍 + 대구 화상 + 『삼대목』 편찬 → 진성 여왕

정답 설명
③ 진성 여왕 때 정부의 농민 수탈이 강화되자 원종과 애노가 사벌주(상주)에서 반란을 일으켰다.

오답 분석
① **진덕 여왕**: 당 고종을 칭송하는 오언태평송을 지어 당의 황제에게 바친 것은 진덕 여왕 때이다.
② **헌덕왕**: 급찬 숭정이 발해에 사신으로 파견된 것은 헌덕왕 때이다.
④ **흥덕왕**: 장보고의 건의에 따라 청해진이 설치된 것은 흥덕왕 때이다. 흥덕왕 때 완도에 청해진을 설치하고 장보고를 청해진 대사로 임명하였다.

12 시대 통합 | 조선의 지방 제도 난이도 중 ●●○

정답 설명
② 각 군현에 향촌 자치 기구로 설치한 것은 경재소가 아닌 유향소이다. 한편, 경재소는 중앙과 지방 유향소 간의 연락을 담당하고, 중앙에서 유향소를 통제하기 위해 설치된 기구이다.

오답 분석
① 조선 시대에는 각 8도의 행정을 총괄하고, 수령을 지휘·감독하는 관찰사를 파견하였다.
③ 조선 시대의 수령은 지방의 행정권, 사법권, 군사권을 가지고 있었다.
④ 조선 시대에는 각 군현 밑에 면·리·통을 설치하고 다섯 집을 1통으로 편제하는 오가작통제를 실시하였다.

13 조선 전기 | 직전법 난이도 하 ●○○

자료 분석
과전법 → (가) 직전법 → 관수 관급제

정답 설명
③ 직전법에서는 세습이 가능했던 수신전, 휼양전 등이 폐지되었고, 현직 관리에게만 수조권을 지급하였다.

오답 분석
① **녹과전**: 지급 대상 토지를 경기 8현의 지역으로 한정한 것은 고려 원종 때 시행한 녹과전이다.
② **시정 전시과**: 인품과 관품에 따라 차등을 두어 전지와 시지를 지급한 것은 고려 경종 때 시행한 시정 전시과이다.
④ **식읍, 녹읍**: 해당 지역의 조세와 역 징발권을 부여한 것은 고대의 식읍과 녹읍이다.

14 고대 | 낙랑군 축출과 한성 함락 사이의 사실 난이도 중 ●●○

자료 분석
낙랑군 축출(313) → (가) → 한성 함락(475)

정답 설명
① 신라는 (가) 시기인 내물 마립간(356~402) 때 지배자의 칭호를 이사금에서 우두머리(대군장)를 뜻하는 마립간으로 변경하였다.

오답 분석
② **(가) 이후**: 백제의 오경 박사인 단양이와 고안무가 일본에 파견된 것은 무령왕(501~523) 때로, (가) 시기 이후의 사실이다.
③ **(가) 이전**: 고구려가 위나라 장수 관구검의 공격을 받은 것은 동천왕(227~248) 때로, (가) 시기 이전의 사실이다.
④ **(가) 이후**: 고구려의 태학 박사 이문진이 역사서인 『신집』을 편찬한 것은 영양왕(590~618) 때로, (가) 시기 이후의 사실이다.

15 근대 | 대한 제국에서 추진한 정책 난이도 중 ●●○

정답 설명
④ 옳은 것을 모두 고르면 ⓒ, ⓔ이다.
ⓒ 대한 제국은 광무개혁 때 양잠 전습소와 잠업 시험장을 설립하여 양잠 기술을 발전시켰다.
ⓔ 대한 제국은 1899년에 상업과 국제 무역, 기타 상행위에 관한 업무를 관장하는 상무사를 조직하였다.

오답 분석
모두 대한 제국 성립 이전에 추진된 정책이다.
⊙ **제1차 갑오개혁**: 신식 화폐 발행 장정을 공포하여 은본위 화폐 제도를 채택한 것은 제1차 갑오개혁 때이다.
ⓒ **제2차 갑오개혁**: 지방 행정 구역을 8도에서 23부로 개편하고, 기존의 도·부·목·군·현 등의 행정 구역을 군으로 통일한 것은 제2차 갑오개혁 때이다.

이것도 알면 합격!

광무개혁	
정치	교전소(입법) 설치, 대한국 국제 반포
경제	양전 사업 실시, 식산흥업 정책, 금 본위제 시도, 황실 재정 확대, 양잠 사업 실시
사회	실업 학교 설립, 유학생 파견, 근대적 시설 확충
군사	원수부 설치, 시위대·친위대 등의 군사 수 증강, 무관 학교 설립

16 현대 | 6·15 남북 공동 선언 난이도 중 ●●○

자료 분석
남측의 연합제 안과 북측의 낮은 단계의 연방제 안이 서로 공통성이 있음 → 6·15 남북 공동 선언

전 왕세자나 왕세손으로 책봉될 때 하사된 도장과 교서로, 2017년에 유네스코 세계 기록유산에 등재되었다.
- ㉣ 동학 농민 혁명 기록물은 전봉준을 중심으로 전개된 반봉건·반외세 운동인 동학 농민 운동의 과정을 보여주는 기록물로, 2023년에 유네스코 세계 기록유산에 등재되었다.

[오답 분석]

모두 세계 기록유산에 등재되지 않았다.
- ㉡ 『징비록』은 유성룡이 임진왜란 동안에 경험한 사실을 기록한 책이다.
- ㉤ 『비변사등록』은 조선 후기 국가 최고 회의 기관이었던 비변사의 업무 내용을 모아 만든 문서이다.

06 시대 통합 | 공주 지역의 역사   난이도 중 ●●○

[자료 분석]

문주왕 + 도읍을 옮김 → 공주

[정답 설명]

② 고려 무신 집권기에 고려의 특수 행정 구역이었던 공주 명학소에서 망이와 망소이가 신분 차별에 저항하여 반란을 일으켰다.

[오답 분석]

① 청주: 현존하는 세계에서 가장 오래된 금속 활자본인 『직지심체요절』이 간행된 곳은 청주이다.
③ 순천: 보조국사 지눌이 승려 본연의 자세로 돌아가 독경과 선을 수행하자는 개혁 운동인 수선사 결사를 주도한 곳은 순천이다.
④ 강화도: 몽골의 고려 2차 침입으로 초조대장경이 소실되자 대장도감을 설치하여 재조대장경을 만든 곳은 강화도이다.

07 근대 | 제국신문   난이도 중 ●●○

[자료 분석]

순한글로 출판 + 대황제 폐하의 당당한 대한국 백성에게 속한 신문 → 제국신문

[정답 설명]

② 제국신문은 이종일이 창간하였으며, 순한글로 간행되어 하층민과 부녀자들이 많이 구독하였다.

[오답 분석]

① 만세보: 천도교의 기관지로 친일 단체인 일진회의 매국 행위를 비판한 신문은 만세보이다.
③ 한성순보: 관보적 성격을 띠고 박문국에서 10일에 한 번씩 발행되었던 신문은 한성순보이다.
④ 독립신문: 서재필이 정부의 지원을 받아 발행한 우리나라 최초의 민간 신문은 독립신문이다.

08 일제 강점기 | 치안 유지법이 실시된 기간의 사실   난이도 중 ●●○

[자료 분석]

국체를 변혁 또는 사유 재산제를 부인할 목적으로 결사를 조직하는 자를 처벌 → 치안 유지법(1925~1945)

[정답 설명]

④ 옳은 것을 모두 고르면 ㉢, ㉣이다.
- ㉢ 1942년에 일제가 조선어 학회를 독립운동 단체로 간주하여 회원들을 탄압한 조선어 학회 사건이 발생하였다.
- ㉣ 1931~1934년에 동아일보의 주도로 농촌 계몽 운동인 브나로드 운동이 전개되었다.

[오답 분석]

모두 치안 유지법이 실시되기 이전에 있었던 사실이다.
- ㉠ 청년 운동 단체의 연합 기관인 조선 청년 연합회가 조직된 것은 1920년의 사실이다.
- ㉡ 제2차 조선 교육령이 공포된 것은 1922년의 사실이다.

09 현대 | 여운형   난이도 중 ●●○

[자료 분석]

위원장 + 건국 준비 + 치안대 → 조선 건국 준비 위원회 → (가) 여운형

[정답 설명]

④ 여운형은 1944년에 일제의 패망과 광복에 대비하여 비밀 결사 조직인 조선 건국 동맹을 조직하였다.

[오답 분석]

① 안재홍: 신민족주의를 내세운 국민당을 창당한 인물은 안재홍이다.
② 조소앙: 삼균주의를 바탕으로 한 건국 강령을 작성한 인물은 조소앙이다.
③ 김규식: 남북 분단을 막기 위해 김구와 함께 평양에서 열린 남북 지도자 회의에 참석한 인물은 김규식이다.

10 고려 시대 | 고려 시대의 관리 등용 제도   난이도 하 ●○○

[정답 설명]

③ 고려 시대의 무과는 예종 대를 제외하고는 거의 실시되지 못하였다.

[오답 분석]

① 고려 시대에는 논술 시험인 제술과와 유교 경전의 이해 정도를 평가하는 시험인 명경과를 통해 문관을 선출하였다.
② 고려 시대의 음서는 아들, 손자뿐 아니라 사위나 조카, 외손자에게도 적용되었다.
④ 고려 시대에는 법률, 회계, 지리 등의 기술학 시험인 잡과가 있었다.

제7회 정답·해설

정답 한눈에 보기

01	③	02	④	03	③	04	③	05	②
06	②	07	②	08	④	09	④	10	③
11	③	12	②	13	③	14	①	15	④
16	③	17	②	18	②	19	②	20	③

01 선사 시대 | 옥저   난이도 하 ●○○

자료 분석
여자의 나이가 열 살이 되면 서로 혼인을 약속하고 신랑 집에서 맞이하여 장성할 때까지 기름 → 민며느리제 → 옥저

정답 설명
③ 옥저는 사람이 죽으면 가매장한 다음 뼈만 추려 가족 공동 무덤인 목곽에 안치하는 골장제의 풍습이 있었다.

오답 분석
① 동예: 매년 10월에 무천이라는 제천 행사를 개최한 나라는 동예이다.
② 부여, 고구려: 남의 물건을 훔쳤을 때에는 12배로 갚게 하는 1책 12법의 법률이 존재하였던 나라는 부여와 고구려이다.
④ 동예: 다른 부족의 경계를 침범하면 가축이나 노비로 변상하게 한 책화의 풍습이 있었던 나라는 동예이다.

02 고대 | 의상   난이도 중 ●●○

자료 분석
중국으로 감 + 『화엄일승법계도』 저술 → (가) 의상

정답 설명
④ 의상은 관세음보살을 염불하여 현세의 고난을 구제받고자 하는 관음 신앙을 강조하였다.

오답 분석
① 혜초: 인도를 다녀온 후 기행문인 『왕오천축국전』을 남긴 인물은 혜초이다.
② 원광: 왕에게 수나라에 군사를 청하는 글을 지어 바친 인물은 원광이다. 원광은 진평왕의 요청으로 고구려를 치기 위해 수나라에 군사를 청하는 글인 걸사표를 지어 바쳤다.
③ 원효: 『화엄경』의 내용을 쉽게 이해할 수 있도록 무애가라는 노래를 지어 불교 대중화에 노력한 인물은 원효이다.

03 조선 전기 | 중종 재위 시기의 사실   난이도 중 ●●○

자료 분석
조광조가 왕에게 한나라의 현량과 방정과의 뜻을 이어 능력 있는 사람을 천거하도록 아룀 → 중종

정답 설명
③ 중종 때 풍기 군수 주세붕이 우리나라에 성리학을 처음 소개한 안향을 제사 지내기 위해 우리나라 최초의 서원인 백운동 서원을 건립하였다.

오답 분석
① 명종: 외척으로 정권을 장악하고 있었던 윤원형과 문정 왕후의 수렴청정을 비판한 양재역 벽서 사건이 일어난 것은 명종 때이다.
② 선조: 동인과 서인의 붕당이 형성된 것은 선조 때이다. 선조 때 심의겸과 김효원 사이에서 이조 전랑의 추천 문제로 대립하는 과정에서 사림이 서인과 동인으로 나뉘어 붕당이 형성되었다.
④ 세종: 효자, 충신, 열녀 등의 행적을 모아 그림을 그리고 설명을 붙인 윤리서인 『삼강행실도』가 편찬된 것은 세종 때이다.

04 일제 강점기 | 3·1 운동   난이도 하 ●○○

자료 분석
민족 대표 + 태화관 + '대한 독립 만세'를 외침 → 3·1 운동

정답 설명
③ 1919년에 전개된 3·1 운동은 미국 대통령 윌슨의 민족 자결주의와 일본 도쿄 유학생들이 발표한 2·8 독립 선언의 영향을 받아 전개되었다.

오답 분석
① 조선 민흥회는 사회주의 계열인 서울 청년회와 민족주의 계열인 조선 물산 장려회가 1926년에 결성한 민족 협동 전선 단체로, 3·1 운동과 관련이 없다.
② 6·10 만세 운동: 순종의 인산일(장례일)에 학생들의 주도로 전개된 민족 운동은 6·10 만세 운동이다.
④ 광주 학생 항일 운동: 성진회와 각 학교 독서회 등에 의해 전국적으로 확산된 민족 운동은 광주 학생 항일 운동이다.

05 시대 통합 | 유네스코 세계 기록유산   난이도 중 ●●○

정답 설명
② 옳은 것을 모두 고르면 ㉠, ㉢, ㉣이다.
㉠ 4·19 혁명 기록물은 3·15 부정 선거에 항의한 4·19 혁명의 과정을 보여주는 기록물로, 2023년에 유네스코 세계 기록유산에 등재되었다.
㉢ 조선 왕실의 어보와 어책은 국왕의 자리를 이을 승계자가 왕위에 오르기

④ 미 군정은 '최고 소작료 결정의 건'을 공포하여 소작료가 총 수확량의 3분의 1을 넘지 못하도록 제한하였다.

16 고려 시대 | 고려 시대에 편찬된 의서   난이도 중 ●●○

자료 분석
모든 군현에 수령이 파견되지는 않음 + 수령이 파견된 곳은 주현 + 속현은 주현의 수령이 겸임 → 고려 시대

정답 설명
③ 『향약구급방』은 고려 고종 때 편찬된 현존하는 우리나라 최고(最古)의 의서로, 각종 질병에 대한 처방법과 국산 약재 180여 종을 소개하고 있다.

오답 분석
① 『의방유취』는 조선 전기 세종 때 편찬되었으며, 중국과 국내 의서들을 참고하여 동양 의학을 집대성한 의학 백과사전이다.
② 『향약집성방』은 조선 전기 세종 때 편찬되었으며, 우리나라 풍토에 맞는 약재와 치료 방법을 정리한 의서이다.
④ 『향약채취월령』은 조선 전기 세종 때 편찬되었으며, 우리나라 약재의 채취 시기와 가공 방법 등을 정리한 약재 이론서이다.

17 고려 시대 | 고려 현종 재위 시기의 사실   난이도 중 ●●○

자료 분석
강조의 정변으로 왕위에 오름 + 거란이 침입하여 나주로 피난 → (가) 고려 현종

정답 설명
① 고려 현종 때 안찰사가 파견되는 일반 행정 구역인 5도와 특수 군사 지역으로 병마사가 파견되는 양계(북계, 동계)로 이루어진 5도 양계 체제가 정비되었다.

오답 분석
② 고려 예종: 청연각과 보문각이 설치된 것은 고려 예종 때이다. 예종 때 유학을 진흥시키기 위해 왕실 도서관인 청연각과 학문 연구소인 보문각을 설치하였다.
③ 고려 경종: 전시과 제도가 처음 시행된 것은 고려 경종 때이다. 경종 때 제정된 시정 전시과는 관품과 인품에 따라 전·현직 관리에게 토지의 수조권을 지급하였다.
④ 고려 고종: 몽골 사신 저고여가 귀국길에 피살된 것은 고려 고종 때이다. 저고여 피살 사건을 계기로 고려와 몽골의 국교는 단절되었고, 이는 몽골 침입의 원인이 되었다.

18 일제 강점기 | 조선 혁명군   난이도 중 ●●○

자료 분석
중국 의용군과 한마음 한 뜻으로 일제에 대항함 → 조선 혁명군

정답 설명
② 조선 혁명군은 한·중 연합군을 편성하여 양세봉의 지휘 하에 흥경성 전투 및 영릉가 전투 등에서 일본군을 물리쳤다.

오답 분석
① 한국광복군: 일제가 태평양 전쟁을 일으키자 대일 선전 포고문을 발표한 독립군은 한국광복군이다.
③ 조선 의용대: 김원봉을 비롯한 일부 대원이 한국광복군에 편입된 단체는 중국 관내 최초의 한인 무장 부대인 조선 의용대이다.
④ 한국 독립군: 북만주 지역에서 주로 활동한 독립군은 지청천의 한국 독립군이다. 한편, 조선 혁명군은 양세봉의 지휘 하에 남만주 지역에서 활동하였다.

19 근대 | 임오군란의 결과   난이도 중 ●●○

자료 분석
미곡에 겨를 섞음 + 군사들이 분노 + 난병이 대궐에 침입 → 임오군란

정답 설명
② 임오군란의 결과 조선과 일본 사이에 공사관 경비를 위한 일본군의 주둔을 허용한 제물포 조약이 체결되었다.

오답 분석
① 이만손 등의 영남 유생들이 정부의 개화 정책 추진과 『조선책략』의 유포에 반발하며 만인소를 올린 것은 1881년으로, 임오군란(1882) 이전의 사실이다.
③ 신식 군대를 양성하기 위해 별기군이 창설된 것은 1881년으로, 임오군란(1882) 이전의 사실이다.
④ 갑신정변: 청군이 개입하면서 3일 만에 진압되어 김옥균, 박영효 등의 주동자들이 해외로 망명한 것은 갑신정변의 결과이다.

20 현대 | 대한민국의 개헌 과정   난이도 중 ●●○

정답 설명
③ 순서대로 나열하면 ⓒ 6차 개헌(3선 개헌, 1969) → ⓒ 7차 개헌(유신 헌법, 1972) → ⓔ 8차 개헌(1980) → ⓐ 9차 개헌(1987)이 된다.
ⓒ 6차 개헌: 대통령의 3선 연임을 허용하도록 한 것은 6차 개헌(3선 개헌)의 내용이다(1969).
ⓒ 7차 개헌: 대통령을 통일 주체 국민회의에서 간선제로 선출하도록 한 것은 7차 개헌(유신 헌법)의 내용이다(1972).
ⓔ 8차 개헌: 대통령을 간선제로 선출하고, 대통령의 임기를 7년으로 정한 것은 8차 개헌의 내용이다(1980).
ⓐ 9차 개헌: 대통령을 직선제로 선출하고, 대통령의 임기를 5년으로 정한 것은 9차 개헌의 내용이다(1987).

10 고려 시대 | 고려 시대의 군사 제도　　　난이도 중 ●●○

[정답 설명]
② 고려 시대의 군사 행정 구역인 양계(북계, 동계)에는 주현군이 아닌 주진군이 배치되었다. 주현군은 일반 행정 구역인 5도에 배치된 지방군이다.

[오답 분석]
① 고려 시대의 중앙군인 2군(응양군, 용호군)은 왕의 친위 부대였다.
③ 고려 시대의 특수군인 광군은 정종 때 거란의 침입에 대비하여 설치되었다.
④ 고려 시대에는 경군(중앙군)에게 군역의 대가로 군인전을 지급하였으며, 그 역은 자손에게 세습되었다.

11 일제 강점기 | 근우회　　　난이도 중 ●●○

[자료 분석]
조선 자매 전체의 역량을 공고히 단결 → 근우회

[정답 설명]
④ 근우회는 신간회의 자매 단체로 기관지인 『근우』를 발간하였으며, 강연회와 토론회 개최 등을 통한 여성 계몽 활동을 전개하였다.

[오답 분석]
① 천도교 소년회: 방정환, 김기전 등을 중심으로 결성된 단체는 천도교 소년회이다. 근우회는 김활란 등을 중심으로 결성되었다.
② 여성 교육을 위해 우리나라 최초의 여성 전문 교육 기관인 이화 학당을 설립한 것은 선교사 스크랜턴이다.
③ 최초의 여성 권리 선언문인 여권통문을 발표한 것은 서울 북촌의 양반 여성들이다.

12 시대 통합 | 남한산성과 수원 화성　　　난이도 상 ●●●

[자료 분석]
(가) 병자호란 때 인조가 피난 → 남한산성
(나) 거중기 등을 이용하여 성곽을 축조 + 팔달산에 위치 → 수원 화성

[정답 설명]
② 옳은 것을 모두 고르면 ⓒ, ⓔ이다.
ⓒ 수원 화성의 축조 과정은 『화성성역의궤』에 기록되어 있다. 『화성성역의궤』에는 수원 화성의 설계 도면, 건축에 들어간 자재와 수량, 동원된 사람들의 명단과 작업 일수 및 임금까지 상세하게 기록되어 있다.
ⓔ 남한산성은 2014년, 수원 화성은 1997년에 유네스코 세계 문화유산으로 등재되었다.

[오답 분석]
㉠ 북한산성: 조선 후기 5군영 중에 총융청이 설치된 곳은 북한산성이다. 남한산성에는 조선 후기 5군영 중 수어청이 설치되었다.
ⓒ 삼전도: 병자호란 때 인조가 청의 태종에게 항복 의례를 치른 곳은 삼전도(서울 송파구)이다.

13 일제 강점기 | 안창호　　　난이도 중 ●●○

[자료 분석]
신민회를 조직 + 대한민국 임시 정부 내무총장 + 수양 동우회 사건으로 투옥 → 안창호

[정답 설명]
④ 국민 대표 회의에서 새 정부를 구성하자는 창조파로 활동한 인물은 신채호, 박용만 등이다. 안창호는 임시 정부의 조직만 개조하자는 개조파로 활동하였다.

[오답 분석]
① 안창호는 미국 샌프란시스코에서 기독교인을 중심으로 흥사단을 조직하였다.
② 안창호는 평양에 대성 학교를 설립하여 민족 교육을 추진하였다.
③ 안창호는 미국 샌프란시스코에서 독립운동 단체인 대한인 공립협회를 조직하였다.

14 고대 | 나·제 동맹 체결과 동시 설치 사이의 사실　　　난이도 상 ●●●

[자료 분석]
나·제 동맹 체결(433) → (가) → 경주에 동시 설치(509)

[정답 설명]
④ (가) 시기인 472년에 백제의 개로왕은 북위에 사신을 보내 고구려를 공격해 줄 것을 요청하였다.

[오답 분석]
① (가) 이전: 고구려 유리왕이 졸본에서 국내성으로 천도한 것은 서기 3년으로, (가) 시기 이전의 사실이다.
② (가) 이후: 신라 진흥왕이 대가야를 정복하면서 가야 연맹이 해체된 것은 562년으로, (가) 시기 이후의 사실이다.
③ (가) 이전: 고구려 소수림왕이 태학을 설립(372)하고 율령을 반포(373)하여 체제 안정화 정책을 실시한 것은 (가) 시기 이전의 사실이다.

15 현대 | 미 군정이 시행한 정책　　　난이도 중 ●●○

[자료 분석]
북위 38도선 이남 + 군정 기간 → 맥아더 포고령 1호 → 미 군정

[정답 설명]
③ 국내의 치안을 담당하기 위한 기구로 치안대를 조직한 것은 조선 건국 준비 위원회로, 미 군정의 정책과는 관련이 없다.

[오답 분석]
① 미 군정은 일본인 소유의 토지 분배를 위해 신한 공사를 개편하여 중앙 토지 행정처를 발족하였다.
② 미 군정은 국내 치안 유지에 부족한 경찰력을 지원한다는 명목으로 남조선 국방 경비대를 창설하였다.

③ **미천왕**: 낙랑군과 대방군을 축출하고 대동강 유역을 차지한 것은 미천왕 때이다. 미천왕은 중국이 5호 16국 시대로 인해 혼란스러운 틈을 타 서안평을 점령(311)하고, 이어서 낙랑군을 축출(313)하였으며, 대방군을 차지(314)함으로써 대동강 유역을 확보하여 남쪽으로 진출할 수 있는 발판을 마련하였다.

④ **영류왕**: 연개소문이 정변을 일으켜 권력을 장악한 것은 영류왕 때이다. 고구려 영류왕 때 연개소문이 정변을 일으켜 영류왕을 시해하고 보장왕을 옹립한 다음, 스스로 대막리지가 되어 국정을 주도하였다.

06 조선 전기 | 과전법　　난이도 중 ●●○

자료 분석
관료에게는 경기 안의 토지만을 지급 + 조준 → 과전법

정답 설명
③ 과전법은 문무 관료들을 관품에 따라 18과(科)로 나누고, 경기 지역 토지에 한해 최고 150결에서 최하 10결의 토지를 수조지로 지급하였다.

오답 분석
① **직전법**: 현직 관리에게만 토지에 대한 수조권이 지급된 것은 조선 세조 때 시행된 직전법이다.
② **전시과**: 5품 이상의 관리들에게 세습이 허용된 토지인 공음전을 지급한 것은 전시과 체제 하에서이다.
④ **시정 전시과**: 18등급에 포함된 모든 관리에게 전지와 함께 시지(땔감을 얻을 수 있는 임야)를 지급한 것은 시정 전시과이다. 한편, 과전법은 관리를 18등급으로 나누어 경기 지방의 전지만을 지급한 토지 제도이다.

🔖 이것도 알면 합격!

과전법

배경	권문세족의 토지 겸병으로 재정 궁핍
목적	• 신진 사대부의 경제적 기반 마련 • 국가 재정 확충
내용	• 경기 지방에 한해 전지만 지급 • 원칙: 관리가 사망하거나 반역할 경우 국가에 반납, 세습할 수 없음 → 예외적으로 수신전, 휼양전 등의 명목으로 세습 허용

07 조선 후기 | 기사환국 이후의 사실　　난이도 중 ●●○

자료 분석
명호를 이미 정함 + 송시열 + 너무 이르다고 함 + 삭탈관작하고 성문 밖으로 내쫓음 → 원자 정호 문제 → 기사환국(1689)

정답 설명
④ 기사환국 이후에 전개된 갑술환국(1694)으로 남인이 몰락하고 서인이 재집권하게 되었으며, 인현 왕후가 복위되고 장씨가 희빈으로 강등되었다.

오답 분석
① 동인이 남인과 북인으로 분화된 것은 기사환국 이전인 선조 때이다. 동인은 광해군을 세자로 책봉하기를 건의(건저 문제, 1591)한 정철에 대한 처벌을 둘러싸고 온건파인 남인과 강경파인 북인으로 분화되었다.
② **경신환국**: 허적과 윤휴 등 남인들이 정계에서 축출된 경신환국(1680)으로, 기사환국 이전에 발생하였다. 숙종 때 남인인 허적의 서자 허견이 역모를 꾀하였다는 고발 등을 계기로 경신환국이 일어나, 허적과 윤휴 등의 남인이 축출되고 서인이 집권하게 되었다.
③ 효종과 효종비의 죽음을 둘러싸고 두 차례의 예송이 전개[기해예송(1차, 1659), 갑인예송(2차, 1674)]된 것은 기사환국 이전인 현종 때이다.

08 근대 | 조·미 수호 통상 조약　　난이도 중 ●●○

자료 분석
미국 + 국회는 조선과 수호하는 데 동의함 → (가) 조·미 수호 통상 조약

정답 설명
④ 조·미 수호 통상 조약에는 거중조정 조항과 최혜국 대우의 규정이 포함되었다. 거중조정은 한 나라가 제3국의 압박을 받을 경우 서로 돕는 것이며, 최혜국 대우는 한 나라가 어떤 외국에 부여하고 있는 가장 유리한 대우를 상대국에게도 동일하게 부여하는 것이다.

오답 분석
① **조·프(불) 수호 통상 조약**: 조선에 천주교 포교가 허용되는 결과를 가져온 조약은 조·프(불) 수호 통상 조약이다.
② 조·미 수호 통상 조약은 일본이 아니라, 러시아와 일본을 견제하기 위한 청의 적극적인 알선과 중재로 체결되었다.
③ 조·미 수호 통상 조약에서는 수출입 상품에 대한 관세 부과를 규정하였다.

09 고대 | 정혜 공주 묘　　난이도 중 ●●○

자료 분석
대흥보력효감금륜성법대왕(발해 문왕) + 둘째 딸 → 정혜 공주

정답 설명
③ 옳은 것을 모두 고르면 ㄴ, ㄷ이다.
ㄴ 정혜 공주 묘는 고구려 무덤 양식을 계승하여 모줄임 천장 구조로 되어 있다.
ㄷ 정혜 공주 묘는 굴식 돌방무덤으로 조성되었고, 무덤 안에서 생동감 있는 돌사자상이 출토되었다.

오답 분석
ㄱ **정효 공주 묘**: 중경 인근 용두산 고분군에 위치한 것은 발해 문왕의 넷째 딸인 정효 공주의 무덤이다. 정혜 공주 묘는 동모산 인근에 위치한 육정산 고분군에 있다.
ㄹ **정효 공주 묘**: 벽돌로 쌓은 무덤방의 네 벽면에 석회가 칠해졌으며, 무사, 시위, 내시, 악사 등을 묘사한 벽화가 그려진 것은 정효 공주의 무덤이다.

제6회 정답·해설

정답 한눈에 보기

01	③	02	②	03	②	04	③	05	②
06	③	07	④	08	④	09	③	10	②
11	④	12	②	13	④	14	④	15	③
16	③	17	①	18	②	19	②	20	③

01 조선 전기 | 조식 난이도 중 ●●○

자료 분석
경(敬)과 의(義) + 학문의 실천성을 강조 → 조식

정답 설명
③ 조식은 서리망국론을 제시하여 당시 방납에서 나타나는 서리의 폐단을 비판하고, 이를 시정할 것을 요구하였다.

오답 분석
① 이이: 성리학 초심자들을 위한 도학 입문서인 『격몽요결』을 저술한 인물은 이이이다.
② 이황: 일본의 성리학 발전에 크게 영향을 끼친 인물은 이황이다.
④ 기대승: 『주자대전』의 중요 부분을 발췌하여 『주자문록』을 편찬한 인물은 이황과 사단·칠정과 이·기의 관계를 두고 논쟁을 펼친 기대승이다.

02 고려 시대 | 도병마사와 식목도감 난이도 중 ●●○

자료 분석
㉠ 중서문하성의 재신과 중추원의 추밀의 합좌 기구 + 도평의사사로 개편됨 → 도병마사
㉡ 중서문하성의 재신과 중추원의 추밀의 합좌 기구 + 대내적인 법제와 각종 시행 규정을 담당 → 식목도감

정답 설명
② 도병마사는 양계의 축성과 군사의 훈련 등 국방 문제에 대해 논의한 기구로, 중서문하성의 재신과 중추원의 추밀이 합좌하였으며, 원 간섭기 때에 도평의사사로 개편되어 국정을 총괄하였다.

오답 분석
① 삼사: 화폐와 곡식의 출납 및 회계를 관장한 기구는 성종 때 설치된 삼사이다.
③ 중추원: 군사 기밀과 왕명 전달을 담당한 기구는 중추원이다. 중추원은 군사 기밀을 담당한 추밀과 왕명의 출납을 담당하는 승선으로 구성되었다.
④ 대간: 관리를 임명하거나 법령을 개폐할 때 동의 또는 거부권을 행사하는 서경의 권리를 행사하였던 것은 고려의 대간이다.

03 시대 통합 | 덕수궁 난이도 중 ●●○

자료 분석
선조가 한양으로 돌아온 후 임시 거처로 사용 + 광해군 때 경운궁으로 개칭 → (가) 덕수궁

정답 설명
② 덕수궁 내에 있는 석조전에서 임시 정부 수립 문제를 논의하기 위한 제1차 미·소 공동 위원회가 개최(1946. 3.)되었다.

오답 분석
① 경희궁: 도성 내 서쪽에 있어 서궐로 불린 궁궐은 경희궁이다.
③ 창경궁: 일제에 의해 동물원, 식물원 등이 만들어졌던 궁궐은 창경궁이다.
④ 경복궁: 큰 복을 빈다는 의미로 정도전이 이름을 지은 궁궐은 경복궁이다.

04 선사 시대 | 신석기 시대의 유적 난이도 하 ●○○

정답 설명
③ 옳은 것을 모두 고르면 ㉡, ㉢이다.
㉡ 신석기 시대의 유적인 황해 봉산 지탑리 유적에서는 탄화된 좁쌀이 발견되었으며, 이는 신석기 시대에 농경이 시작되었음을 보여준다.
㉢ 신석기 시대의 유적인 부산 동삼동 유적에서는 곡물을 담는 데 사용된 빗살무늬 토기가 출토되었다.

오답 분석
㉠ 청동기 시대: 의주 미송리 동굴은 청동기 시대의 유적으로, 밑이 납작한 항아리의 양쪽 옆으로 손잡이가 하나씩 달려있는 미송리식 토기가 발굴되었다.
㉣ 구석기 시대: 청원 두루봉 동굴은 구석기 시대의 유적으로, 4만 년 전에 죽은 후기 구석기 시대의 인골인 흥수 아이가 발견되었다.

05 고대 | 영양왕 재위 시기의 사실 난이도 중 ●●○

자료 분석
왕이 말갈의 무리를 이끌고 요서를 침공함 → 영양왕

정답 설명
② 고구려 영양왕 때 수나라가 대군을 이끌고 침입하자 을지문덕이 수나라의 군대를 살수로 유인하여 크게 격파하였다.

오답 분석
① 동천왕: 위나라의 장수인 관구검의 공격으로 수도인 환도성이 함락된 것은 동천왕 때이다. 고구려는 동천왕 때 위나라의 서안평을 선제 공격하기도 하였으나, 위의 반격으로 환도성이 함락되어 동천왕이 옥저 지역으로 피난하였다.

정답 설명

④ 조선어 학회는 한글 연구 단체인 조선어 연구회가 개편된 단체로 한글 맞춤법 통일안을 만들어 발표하였고, 『우리말 큰 사전』 편찬을 시도하였으나 일제의 방해로 실패하였다.

오답 분석

① 한글 학회: 『우리말 큰 사전』을 간행한 단체는 한글 학회이다.
② 국문 연구소: 지석영, 주시경 등이 활동한 단체는 국문 연구소이다.
③ 조선어 연구회: 한글 기념일인 '가갸날'을 제정한 단체는 조선어 연구회이다.

---

16 | 고대 | 진흥왕 | 난이도 하 ●○○

자료 분석

비석이 황초령비와 흡사함 + 진(眞) 자가 새겨져 있음 → 진흥왕 순수비 → (가) 진흥왕

정답 설명

③ 진흥왕은 적극적으로 영토 확장을 한 왕으로, 이사부를 보내 대가야를 정벌하여 가야 연맹을 소멸시켰다.

오답 분석

① 지증왕: 신라에서 대군장을 의미하는 마립간 대신 왕이라는 중국식 칭호를 처음 사용한 왕은 지증왕이다.
② 신문왕: 전국을 9주로 나누고 5소경을 설치하여 지방 통치 체제를 정비한 왕은 신문왕이다.
④ 법흥왕: 병부를 처음으로 설치하여 군사 체계를 정비한 왕은 법흥왕이다.

---

17 | 현대 | 남북 기본 합의서 | 난이도 중 ●●○

자료 분석

남과 북은 서로 상대방의 체제를 인정하고 존중함 + 남북 연락 사무소를 설치 → 남북 기본 합의서

정답 설명

① 남북 기본 합의서에서는 남북 화해 및 불가침 등을 이행하기 위한 남북 군사 공동 위원회 설치를 명시하였다.

오답 분석

② 남북이 동시에 유엔에 가입(1991. 9.)한 것은 남북 기본 합의서 발표(1991. 12.) 이전의 사실이다.
③ 7·4 남북 공동 성명: 통일 문제를 협의하기 위해 남북 조절 위원회를 구성하기로 합의한 내용이 포함되어 있는 것은 7·4 남북 공동 성명이다.
④ 6·15 남북 공동 선언: 분단 이후 최초로 열린 남북 정상 회담의 결과로 발표된 합의서는 6·15 남북 공동 선언이다.

---

18 | 조선 후기 | 정조 재위 시기의 사실 | 난이도 중 ●●○

자료 분석

도서집성 5천여 권을 사옴 → 『고금도서집성』 수입 → 정조

정답 설명

① 정조 때 호조의 사례를 정리한 『탁지지』, 조선 후기의 대청·대일 외교 문서를 집대성한 『동문휘고』 등을 편찬하였다.

오답 분석

② 숙종: 청과 국경선을 정하고 백두산 정계비를 세운 것은 숙종 때이다.
③ 영조: 당파와 관계없이 온건하고 타협적인 인물을 등용하는 완론 탕평을 실시한 것은 영조 때이다.
④ 철종: 삼정의 문란을 개혁하기 위해 삼정이정청을 설치한 것은 철종 때이다.

---

19 | 고려 시대 | 여진과 고려의 관계 | 난이도 중 ●●○

자료 분석

(동북) 9성을 돌려줌 → (가) 여진

정답 설명

② 묘청, 정지상 등은 서경 천도 운동을 전개하며 금(여진이 세운 나라)의 정벌과 칭제 건원(스스로 황제를 칭하고, 연호를 세우는 일)을 주장하였다.

오답 분석

① 몽골: 박서는 귀주에서 몽골의 군대에 항전하였다.
③ 거란: 강조의 정변을 구실로 고려를 침략한 것은 거란이다. 거란은 강조의 정변을 구실로 강동 6주의 반환을 요구하며 고려에 침입하였다.
④ 몽골: 다루가치를 파견하여 고려의 내정을 간섭한 것은 몽골이다.

---

20 | 고려 시대 | 『삼국사기』 | 난이도 중 ●●○

자료 분석

우리 해동 삼국도 역사가 길고 오래되어 책으로 기록되어야 함 + 왕이 신하에게 편집하도록 명함 → 『삼국사기』

정답 설명

③ 삼국사기는 김부식이 고려 인종의 명을 받아 편찬한 역사서로, 유교적 합리주의 사관에 따라 기전체로 서술되었으며, 본기 28권, 지 9권, 표 3권, 열전 10권으로 구성되어 있다.

오답 분석

① 『삼국유사』: 불교를 중심으로 신화와 설화를 정리한 역사서는 일연이 편찬한 『삼국유사』이다.
② 『동국통감』: 단군 조선을 우리 역사의 시작으로 보고 단군 조선부터 고려 말까지의 역사를 정리한 편년체 통사는 『동국통감』이다.
④ 『제왕운기』: 단군부터 고려 충렬왕 때까지의 역사를 서사시로 기록한 역사서는 『제왕운기』이다.

③ 경정 전시과: 산관이 지급 대상에서 제외되었으며, 무반의 차별 대우가 개선된 제도는 문종 때 시행된 경정 전시과이다.
④ 시정 전시과: 4색 공복을 기준으로 문반, 무반, 잡업으로 나누어 지급 결수를 정한 제도는 경종 때 시행된 시정 전시과이다.

10 조선 전기 | 홍문관 난이도 중 ●●○

자료 분석
궁중의 서적과 문서를 관리 + 국왕의 자문에 응함 → 홍문관

정답 설명
④ 홍문관은 집현전을 계승한 기구로, 옥당, 옥서 등으로 불리기도 하였다. 홍문관은 세조 때 단순 장서 기관으로 설치되었으나, 성종 때부터 홍문관에서 경연을 실시하고 정책 자문을 하게 되면서 홍문관이 집현전의 기능을 계승하게 되었다.

오답 분석
① 예문관: 국왕의 교지 작성을 담당한 기구는 예문관이다.
② 교서관: 궁중의 서적 출판 및 간행의 업무를 전담한 기구는 교서관이다.
③ 승정원: 왕명을 출납하면서 왕의 비서 기관의 역할을 한 기구는 승정원이다.

11 근대 | 독립 협회 난이도 중 ●●○

자료 분석
영은문을 헐고 새로운 문을 세움 → (가) 독립문 → 독립 협회

정답 설명
② 독립 협회는 러시아가 절영도에 석탄고 기지를 건설하기 위해 조차하게 해달라고 요구하자 이에 반대하는 상소를 올려 저지하였다.

오답 분석
① 대한 자강회: 고종 강제 퇴위 반대 운동을 주도한 단체는 대한 자강회이다.
③ 국채 보상 기성회: 대한 제국의 경제적 자주권을 지키기 위해 국채 보상 운동을 주도한 단체는 국채 보상 기성회이다.
④ 신민회: 민족 계몽을 목적으로 하는 서적과 잡지 등을 출판하고자 학술 간행 단체인 조선 광문회와 서점인 태극 서관을 만든 단체는 신민회이다.

12 근대 | 한·일 신협약 이후의 사실 난이도 중 ●●○

자료 분석
한국 정부는 통감이 추천한 일본인을 한국의 관리로 임명
→ 한·일 신협약(1907)

정답 설명
① 러시아가 용암포를 점령한 것은 1903년으로, 한·일 신협약 체결 이전의 사실이다. 러시아는 압록강의 벌채 사업을 보호한다는 구실로 용암포를 점령하였다.

오답 분석
모두 한·일 신협약이 체결된 이후의 사실이다.
② 동양 척식 주식회사는 조선의 토지와 자원을 수탈하고 일본인 농업 이민을 장려할 목적으로 설립된 국책 회사로, 1908년에 설립되었다.
③ 대한 제국의 경찰권이 박탈된 것은 1910년이다. 대한 제국은 1909년에 체결된 기유각서를 통해 일본에게 사법권을 빼앗겼으며, 이듬해인 1910년에 경찰권까지 박탈 당하였다.
④ 일본은 1909년에 청과 간도 협약을 체결하여, 남만주의 안봉선 철도 부설권 등을 획득하는 대가로 간도를 청의 영토로 인정하였다.

13 고대 | 선덕 여왕 재위 시기의 사실 난이도 중 ●●○

자료 분석
당 태종이 보낸 모란 꽃에 향기가 없다고 말함 → 선덕 여왕

정답 설명
③ 선덕 여왕 재위 시기에는 의자왕의 공격으로 대야성을 상실하여 신라가 위기를 맞이하였으며, 위기를 극복하기 위해 고구려와 당나라에 사신을 파견하여 군사 원조를 요청하였다.

오답 분석
① 소지 마립간: 사방에 우역을 설치한 것은 소지 마립간 때이다.
② 진덕 여왕: '태화'라는 독자적인 연호를 사용한 것은 진덕 여왕 때이다.
④ 진성 여왕: 위홍 등이 향가를 모아 『삼대목』을 편찬한 것은 진성 여왕 때이다.

14 현대 | 유신 헌법 공포와 10·26 사태 사이의 사실 난이도 상 ●●●

자료 분석
(가) 유신 헌법 공포(1972) ~ 10·26 사태(1979)

정답 설명
③ (가) 시기인 1973년에 일본에서 유신 반대 운동을 벌이던 야당 지도자 김대중이 중앙 정보부에 의해 납치되는 사건이 발생하였다.

오답 분석
① (가) 이전: 울산 정유 공장이 가동된 것은 1964년으로, (가) 시기 이전의 사실이다.
② (가) 이전: 전태일이 근로 기준법 준수 등 노동자의 권리를 요구하며 분신 자살한 것은 1970년으로, (가) 시기 이전의 사실이다.
④ (가) 이후: 민주화 추진 협의회가 조직된 것은 1984년으로, (가) 시기 이후의 사실이다. 1984년에 김영삼과 김대중 등의 재야 정치인들은 민주화 추진 협의회를 조직하고 민주화 운동을 전개하였다.

15 일제 강점기 | 조선어 학회 난이도 중 ●●○

자료 분석
이극로를 중심으로 함 + 조선 어문 운동을 전개 → 조선어 학회

05 조선 전기 | 서원　　　　　　　　　　　　　난이도 하 ●○○

자료 분석
붕당을 주도함 + 편액을 내려주었음 + 헐어버리는 일은 모두 (흥선)대원군의 분부대로 거행 → (가) 서원

정답 설명
④ 서원은 학문 연구와 선현의 제사를 위해 설립된 사립 교육 기관으로, 향촌 사회의 교화와 결속력 강화를 위해 향음주례, 향사례 등을 주관하기도 하였다.

오답 분석
① 향교: 지방 군·현에 설립된 관학은 향교이다. 향교는 전국의 부·목·군·현에 각각 설립되었으며, 중앙에서 교수와 훈도를 파견하였다.
② 성균관: 입학 자격을 생원, 진사를 원칙으로 한 것은 성균관이다. 한편, 성균관은 정원이 미달인 경우 4부 학당의 성적 우수자(승보시 합격자) 등이 입학하기도 하였다.
③ 유향소: 조선 시대 지방 수령의 자문 전담 기관은 유향소이다.

06 근대 | 병인양요　　　　　　　　　　　　　난이도 하 ●○○

자료 분석
정족산성 → 병인양요

정답 설명
③ 옳은 것을 모두 고르면 ⓒ, ⓒ이다.
ⓒ 병인양요 때 프랑스 함대가 강화부를 점령하자, 양헌수가 이끈 부대가 강화도의 정족산성에 미리 잠입하여 프랑스군을 기습하였고, 이에 프랑스군은 강화도에서 철수하였다.
ⓒ 병인양요 때 프랑스 군대에 의해 외규장각이 불타 소실되었으며, 의궤를 비롯하여 외규장각에 보관된 왕실 도서가 약탈되었다.

오답 분석
㉠ 운요호 사건: 일본 군함이 초지진을 공격한 것은 운요호 사건이다.
㉣ 신미양요: 어재연이 강화도 광성보 전투에서 전사한 것은 신미양요이다.

07 고대 | 발해 무왕과 선왕 재위 시기의 사실　　난이도 중 ●●○

자료 분석
(가) 장문휴 + 당의 산둥 반도 덩저우를 기습 공격 → 발해 무왕
(나) 해동성국이라고 부름 → 발해 선왕

정답 설명
④ 발해 선왕 때는 5경 15부 62주의 지방 행정 구역을 완비하였다. 발해의 5경은 전략적 요충지에, 15부는 지방 행정의 중심지에 설치되었고, 부 아래에는 62주와 현, 촌이 있었다.

오답 분석
① 발해 고왕(대조영): 국호를 진국에서 발해로 바꾼 것은 발해 고왕 때이다.

② 발해 무왕: 일본에 사신을 파견하여 국교를 맺은 것은 발해 무왕 때이다. 발해 무왕 때는 대립 관계였던 당과 신라를 견제하기 위해 일본에 사신을 파견하여 국교를 맺었다.
③ 발해 성왕: 동경 용원부에서 상경 용천부로 천도한 것은 발해 성왕 때이다.

08 조선 후기 | 이익의 저술　　　　　　　　　난이도 중 ●●○

자료 분석
토지 몇 부를 한 호의 생활 유지에 필요한 최소한으로 함 + 땅을 팔고자 하는 자는 생활 유지에 필요한 최소한의 토지 몇 부 이외에는 허락 → 한전론 → 이익

정답 설명
② 『성호사설』은 이익의 저술로, 우리나라와 중국의 문화를 천지·만물·경사·인사·시문의 5개 부분으로 분류한 백과사전식 서적이다.

오답 분석
① 『북학의』는 박제가가 청에 다녀온 경험을 토대로 저술한 서적이다. 박제가는 『북학의』를 통해 청의 문물을 적극적으로 수용할 것을 주장하였다.
③ 『마과회통』은 정약용이 홍역(마진)에 대한 의서를 종합하여 정리한 서적이다.
④ 『과농소초』는 박지원이 농업 기술과 농업 정책 등을 정리한 책이다.

이것도 알면 합격!

이익

한전론 주장	영업전(한 가정의 생활을 유지하는 데 필요한 일정한 토지) 이외의 토지 매매 허용 주장
6좀 비판	나라를 좀먹는 6가지 폐단(노비제, 과거제, 양반 문벌제, 사치와 미신 숭배, 승려, 게으름) 비판
국사 연구	당시의 시세(時勢)를 정확하게 파악하여 역사를 서술할 것을 주장
대표 저서	『성호사설』(백과사전식 저서), 『곽우록』(국가 제도 전반에 대한 의견 제시)

09 고려 시대 | 역분전과 개정 전시과　　　　　난이도 중 ●●○

자료 분석
(가) 태조 때 제정되었음 → 역분전
(나) 목종 때 제정되었음 → 개정 전시과

정답 설명
② 역분전은 후삼국의 통일 과정에서 공을 세운 사람들에게 성품과 행실의 착하고 악함, 공로의 크고 작음을 고려하여 토지를 차등 지급한 제도이다.

오답 분석
① 과전법: 관료들의 수조지가 경기 8현에 한하여 지급된 제도는 공양왕 때 시행된 과전법이다. 한편 고려 시대의 전시과는 전국의 토지를 대상으로 토지를 지급하였다.

제5회 정답·해설

정답 한눈에 보기

01	③	02	④	03	④	04	③	05	④
06	③	07	④	08	②	09	②	10	④
11	②	12	①	13	③	14	③	15	④
16	③	17	①	18	①	19	②	20	③

---

01 | 고대 | 장보고 | 난이도 중 ●●○

자료 분석

청해에 진영을 설치 → 청해진 → 장보고

정답 설명

③ 장보고는 신라인들이 많이 거주하던 산둥(산동) 반도 적산촌에 법화원이라는 사찰을 건립하였다. 적산 법화원은 당에 거주하는 신라인의 신앙 거점인 동시에 항해의 안전을 기원하는 예배처였다.

오답 분석

① 최치원: 진성 여왕에게 시무책을 바친 인물은 최치원이다. 최치원은 6두품 출신으로 당에서 관직 생활을 하다 신라로 돌아온 후 진성 여왕에게 사회 개혁안으로 시무 10여조를 바쳤다.
② 김헌창: 웅주(공주)를 근거지로 반란을 일으킨 인물은 김헌창이다. 김헌창은 아버지인 김주원이 왕이 되지 못한 데에 불만을 품고 국호를 '장안', 연호를 '경운'이라 하여 반란을 일으켰으나 실패하였다.
④ 김인문: 당에서 숙위 활동을 하다가 부대총관이 되어 신라로 돌아온 인물은 김인문이다. 김인문은 당에서 숙위 생활을 하다가 부대총관이 되어 신라로 돌아와 소정방과 함께 백제 정벌군을 지휘하였다.

---

02 | 고려 시대 | 고려 숙종 대에 발행된 화폐 | 난이도 하 ●○○

자료 분석

국자감에 서적포를 설치 → 고려 숙종

정답 설명

④ 고려 숙종 때 의천의 건의로 세운 주전도감에서 해동통보를 발행하였다. 이외에도 고려 숙종 때는 은병(활구), 삼한통보 등의 화폐를 발행하였지만, 널리 유통되지 못하였다.

오답 분석

① 조선 세종: 조선통보를 처음으로 발행한 것은 조선 세종 때이다. 조선 세종 때 저화의 보조 화폐로 동전인 조선통보를 발행하였으나, 널리 유통되지 못하였다.
② 조선 인조: 상평통보를 처음 발행한 것은 조선 인조 때이다. 조선 인조 때 상평통보를 처음 발행하였고, 조선 숙종 때 상평통보를 법화로 채택하였다.
③ 고려 성종: 건원중보를 발행한 것은 고려 성종 때이다. 고려 성종 때 우리나라 최초의 화폐인 건원중보를 발행하였으나 널리 유통되지는 못하였다.

---

03 | 일제 강점기 | 영화 아리랑 발표 이후의 사실 | 난이도 상 ●●●

자료 분석

서울 단성사에서 개봉함 + 아리랑 → 나운규의 아리랑(1926)

정답 설명

④ 나운규의 아리랑이 발표된 이후인 1934년에 다산 정약용의 서거 99주년을 맞아 『여유당전서』를 간행하고, 다산 기념 사업을 추진한 것을 계기로 민족주의 역사가들 사이에서 조선학 운동이 일어났다.

오답 분석

모두 영화 아리랑이 발표되기 이전의 사실이다.
① 학부 안에 국문 연구소가 설치된 것은 국권 피탈 이전인 1907년의 사실이다.
② 조선인의 고등 교육 기관을 설립하기 위해 조선 민립 대학 기성회가 창립된 것은 1922년의 사실이다.
③ 도쿄 유학생들을 중심으로 토월회가 결성되고 신극 운동이 일어난 것은 1923년의 사실이다.

---

04 | 일제 강점기 | 6·10 만세 운동 | 난이도 하 ●○○

자료 분석

순종의 인산 + 추모객이 운집한 것을 기회로 함 → (가) 6·10 만세 운동

정답 설명

③ 6·10 만세 운동의 준비 과정에서 사회주의 계열과 천도교 중심의 민족주의 계열이 연대하였다. 이를 계기로 민족 유일당 운동이 전개되었고, 민족 협동 전선인 신간회가 창립되었다.

오답 분석

①, ② 3·1 운동: 대한민국 임시 정부 수립에 영향을 끼치고, 세계 각국의 반제국주의 운동에 자극을 준 것은 3·1 운동이다.
④ 광주 학생 항일 운동: 한국인 학생과 일본인 학생 간의 충돌에서 비롯된 것은 광주 학생 항일 운동이다.

이것도 알면 합격!

6·10 만세 운동	
배경	일제의 수탈과 식민 교육에 대한 반발 심화
전개	사회주의 계열 단체가 만세 운동을 계획하였으나 일제에 의해 사전 발각됨 → 조선 학생 과학 연구회를 비롯한 학생들이 시위를 전개함
의의	• 대중적인 항일 민족 운동으로 발전, 학생 운동의 성장 • 신간회 창립(1927)에 기여

16 시대 통합 | 조선 시대의 서적　　난이도 상 ●●●

정답 설명

③ 옳은 것을 모두 고르면 ㉠, ㉡, ㉢이다.
㉠ 『동국통감』은 성종 때 서거정 등이 고조선부터 고려 말까지의 역사를 정리한 역사서이다.
㉡ 『고려사절요』는 문종 때 김종서 등이 기전체로 서술된 『고려사』를 보완하고자 고려 시대의 역사를 편년체로 기록한 역사서이다.
㉢ 『만기요람』은 순조 때 서영보 등이 국왕의 정사에 참고하도록 정부 재정과 군정의 내역을 정리한 서적이다.

오답 분석

㉣ 『성호사설』: 이익이 천지·인사·만물·경사·시문 등 5개 부문으로 나누어 정리한 것은 『성호사설』이다. 한편, 『오주연문장전산고』는 이규경이 천문, 지리, 역사, 의학 등을 정리한 백과사전이다.

17 근대 | 신민회　　난이도 중 ●●○

자료 분석

국권 회복과 공화정 수립을 목표로 함 + 신흥 무관 학교를 설립 + 105인 사건으로 와해 → 신민회

정답 설명

② 신민회는 안창호와 양기탁이 중심이 되어 조직된 비밀 결사 단체로, 민족 교육을 위해 평양에 대성학교, 정주에 오산학교를 세웠다.

오답 분석

① 독립 협회: 중추원 개편을 통해 의회 설립을 추진한 단체는 독립 협회이다.
③ 보안회: 일본이 황무지 개간권을 요구하자 이에 대한 반대 운동을 전개하여 저지시킨 단체는 보안회이다.
④ 신간회: 광주 학생 항일 운동을 지원하기 위해 현지에 조사단을 파견한 단체는 신간회이다.

18 일제 강점기 | 1930년대에 전개된 항일 독립운동　　난이도 중 ●●○

정답 설명

④ 대한 애국 청년당의 당원인 조문기 등이 경성 부민관 의거를 일으킨 것은 1945년이다.

오답 분석

모두 1930년대에 전개된 항일 독립운동이다.
① 지청천을 중심으로 한 한국 독립군은 동경성 전투(1933)에서 일본군에 승리하였다.
② 동북 항일 연군 내 한인들이 반일 민족 연합의 통일 전선을 실현할 목적으로 조국 광복회를 결성(1936)하였다.
③ 조선 민족 전선 연맹의 산하 부대로 중국 관내 최초의 한인 무장 단체인 조선 의용대가 조직(1938)되었다.

19 근대 | 을미의병　　난이도 하 ●○○

자료 분석

병사를 일으키려는 것은 국모의 원수를 갚으려는 것 → 을미의병

정답 설명

④ 을미의병은 유인석, 이소응 등 위정척사 사상을 가진 유생들이 주도하였으며, 일반 농민과 동학 농민군의 잔여 세력이 동참하였다.

오답 분석

① 을사의병: 충남 정산에서 전직 관리인 민종식이 의병을 일으킨 것은 을사의병 때이다.
② 정미의병: 해산된 군인들이 합류하여 전투력이 강화된 것은 정미의병 때이다.
③ 정미의병: 이인영을 총대장으로 하는 의병 연합 부대인 13도 창의군을 결성하여 서울 진공 작전을 전개한 것은 정미의병 때이다.

20 일제 강점기 | 박은식　　난이도 중 ●●○

자료 분석

유교계에 3대 문제가 있음 → 「유교구신론」 → 박은식

정답 설명

③ 옳은 것을 모두 고르면 ㉡, ㉢이다.
㉡ 박은식은 『한국통사』에서 나라는 형(형체)이고 역사는 신(정신)이며, 나라의 형체는 사라졌지만 그 정신은 사라지지 않음을 주장하였다.
㉢ 박은식은 일본의 침략상을 폭로한 『한국통사』, 한국의 독립운동 과정을 서술한 『한국독립운동지혈사』 등을 저술하였다.

오답 분석

㉠ 신채호: 우리 민족의 정신으로 '낭가 사상'을 강조한 인물은 신채호이다.
㉣ 백남운: 「조선 민족의 진로」라는 글에서 '연합성 신민주주의'를 제창한 인물은 백남운이다.

이것도 알면 합격!

박은식의 활동

- 1898년 황성신문 주필 역임
- 1909년 「유교구신론」 발표
- 1912년 신규식 등과 동제사 조직
- 1925년 대한민국 임시 정부 제2대 대통령 역임
- 주요 저술: 「유교구신론」, 『한국통사』, 『한국독립운동지혈사』

11 조선 전기 | 세조　　　　　　　　　　난이도 중 ●●○

자료 분석

안평 대군의 빈객들보다 나은 인재가 없음 + 한명회가 신임을 얻게 되자 계책을 올림 → (가) 세조

정답 설명

④ 세조는 관리에게 지급할 토지가 부족해지자 현직 관리에게만 수조지를 지급하는 직전법을 처음 시행하였다.

오답 분석

① 태종: 수도를 한양으로 다시 옮기면서 경복궁의 이궁으로 창덕궁을 건립한 왕은 태종이다.
② 성종: 성균관에 도서관인 존경각을 짓고 여러 서적을 소장하게 한 왕은 성종이다.
③ 세종: 한양을 기준으로 천체 운동을 계산한 역법서인 『칠정산』 내외편을 편찬한 왕은 세종이다.

12 근대 | 헌의 6조가 발표된 시기　　　　난이도 중 ●●○

자료 분석

외국과의 이권에 관한 조약은 각 대신과 중추원 의장이 합동 날인함
→ 헌의 6조(1898)
(가) 통리기무아문 설치(1880) ~ 을미개혁(1895)
(나) 을미개혁(1895) ~ 대한 제국 수립(1897)
(다) 대한 제국 수립(1897) ~ 러·일 전쟁 발발(1904)
(라) 러·일 전쟁 발발(1904) ~ 국권 피탈(1910)

정답 설명

③ 헌의 6조는 (다) 시기인 1898년에 독립 협회가 개최한 관민 공동회에서 결의되었다.

13 고대 | 통일 신라의 경제 상황　　　　난이도 하 ●○○

정답 설명

② 건원중보, 해동통보, 삼한통보, 은병 등과 같은 화폐를 만들어 사용한 것은 통일 신라가 아닌 고려 시대이다. 건원중보는 고려 성종 때, 해동통보, 삼한통보, 은병은 고려 숙종 때 주조된 화폐이다.

오답 분석

① 통일 신라는 어아주, 조하주 등 고급 비단을 생산하여 당나라에 보냈으며, 당나라로부터 금띠, 비단 두루마기 등을 답례품으로 받기도 하였다.
③ 통일 신라 시대에는 울산항이 국제 무역항으로 번성하였으며, 당나라와 일본의 상인뿐만 아니라 아라비아 상인들도 왕래하였다.
④ 통일 신라 귀족들은 당나라와 아라비아 등 외국에서 수입한 비단, 양탄자, 유리 그릇 등 사치품을 사용하였다.

14 조선 전기 | 을묘왜변과 인조반정 사이의 사실　　난이도 중 ●●○

자료 분석

을묘왜변(1555) → (가) → 인조반정(1623)

정답 설명

③ (가) 시기인 1589년에 정여립 모반 사건(기축옥사)으로 이에 연루된 많은 동인이 처형당하였다. 정여립 모반 사건은 정여립이 급진적인 일부 동인과 연결하여 대동계라는 비밀결사를 조직하고 역성 혁명을 준비하였다는 혐의로 처형되고, 이에 연루된 동인들이 대거 제거된 사건이다.

오답 분석

① (가) 이전: 비변사가 임시 기구로 처음 설치된 것은 1517년으로, (가) 시기 이전의 사실이다. 비변사는 삼포왜란(1510)을 계기로 중종 때인 1517년에 임시 회의 기구로 처음 설치되었으며, 명종 때 발생한 을묘왜변을 계기로 상설 기구화되었다.
② (가) 이전: 명종의 외척인 소윤 일파(윤원형 등)와 인종의 외척인 대윤 일파(윤임 등)의 갈등으로 을사사화가 일어난 것은 1545년으로, (가) 시기 이전의 사실이다.
④ (가) 이후: 청이 군신의 관계를 맺을 것을 요구하며 조선을 침입한 것(병자호란)은 1636년으로, (가) 시기 이후의 사실이다.

15 고려 시대 | 최우　　　　　　　　　난이도 중 ●●○

자료 분석

왕에게 강화도로 가자고 요청함 + 진양후로 책봉 → (가) 최우

정답 설명

② 최우는 자신의 집에 문신들의 숙위 기구인 서방을 설치하고 행정 실무 능력을 갖춘 문신들을 숙위시켜 정책을 자문하도록 하였다.

오답 분석

① 이의민: 천민 출신으로 김보당의 난 때 전왕(前王)인 의종을 시해한 인물은 이의민이다.
③ 정중부, 이의방 등: 보현원에서 정변을 일으켜 정권을 장악한 인물은 정중부, 이의방 등의 무신들이다. 무신 차별에 불만을 가진 정중부, 이의방, 이고 등의 무신들이 의종의 보현원 행차 때 문신들을 살해한 후 의종을 폐위시키고 명종을 옹립하여 정권을 장악하였다.
④ 최충헌: 교정도감이라는 국정을 총괄하는 기구를 처음 설치하고 교정별감이 된 인물은 최충헌이다. 한편, 교정도감의 장관인 교정별감의 자리는 최씨 일가가 대대로 세습하였다.

이것도 알면 합격!

최우
- 정방(인사 기구)·서방(문신들의 숙위 기구) 설치
- 몽골이 고려를 침입하자 장기 항전을 위해 강화도로 천도
- 강화도 천도의 공으로 진양후에 책봉됨
- 김생, 탄연, 유신과 더불어 신품 4현으로 불림

[오답 분석]
① 얄타 협정: 소련이 대일전에 참전할 것을 결정한 것은 얄타 협정이다.
② 임시 정부의 건국 강령이 발표된 것은 카이로 선언(1943)이 발표되기 이전인 1941년의 사실이다.
④ 모스크바 3국 외상 회의 결정서: 4개국(미국·소련·영국·중국)이 최고 5년간 한국을 신탁 통치할 것을 명시한 것은 모스크바 3국 외상 회의 결정서이다.

06 일제 강점기 | 무단 통치 시기의 사실   난이도 하 ●○○

[자료 분석]
헌병 경찰제를 시행 + 조선 태형령을 제정 → (가) 무단 통치

[정답 설명]
④ 무단 통치 시기에는 관리뿐만 아니라 교사도 제복을 입고 칼을 착용하였다.

[오답 분석]
① 민족 말살 통치 시기: 매일 아침마다 일본 천황이 있는 궁성을 향해 절을 하는 궁성요배를 강요한 것은 민족 말살 통치 시기의 사실이다.
② 문화 통치 시기: 자문 기구인 도 평의회와 부·면 협의회 등이 설치된 것은 문화 통치 시기의 사실이다.
③ 민족 말살 통치 시기: 동아일보, 조선일보 등의 한글 신문이 폐간된 것은 민족 말살 통치 시기의 사실이다.

07 고려 시대 | 고려 성종   난이도 중 ●●○

[자료 분석]
12목을 설치 → 고려 성종

[정답 설명]
② 고려 성종은 지방 교육을 위해 향교를 설치하고 교수인 경학 박사와 의학 박사를 파견하였다.

[오답 분석]
① 태조 왕건: 『정계』와 『계백료서』를 편찬하여 관리들이 지켜야 할 규범을 제시한 왕은 태조 왕건이다.
③ 고려 광종: 국가 수입의 증대를 위해 주현공부법을 실시한 왕은 고려 광종이다. 주현공부법은 주현 단위로 해마다 바칠 공물과 부역의 액수를 책정하여 징수한 제도이다.
④ 고려 광종: 후주에서 귀화한 쌍기의 건의를 수용하여 과거 제도를 처음 시행한 왕은 고려 광종이다.

08 일제 강점기 | 국민 대표 회의   난이도 중 ●●○

[자료 분석]
상하이 일대의 인사가 개혁을 제창함 + 독립운동의 신국면을 타개하려고 회의의 소집을 제창함 → 국민 대표 회의

[정답 설명]
① 국민 대표 회의에서는 독립 운동의 방향과 임시 정부의 존속에 대해 논의하였고, 임시 정부를 해산하고 새 정부를 만들자는 창조파와 임시 정부를 개편하자는 개조파가 서로 대립하였다.

[오답 분석]
② 박은식을 대한민국 임시 정부의 제2대 대통령으로 선출한 것은 국민 대표 회의가 결렬된 이후인 1925년의 사실이다.
③ 민족 혁명당이 임시 정부에 참여한 것과 국민 대표 회의는 관련이 없다. 민족 혁명당은 중·일 전쟁 이후 임시 정부를 중심으로 독립운동 정당·단체들이 연합 전선을 형성하자 1941년 개최된 전당대표대회 결의에 따라 임시 정부에 참여하였다.
④ 파리 강화 회의에 김규식을 파견하는 것이 논의된 것과 국민 대표 회의는 관련이 없다. 상하이에 있던 독립운동가들은 신한 청년당을 결성하고 민족 대표로 김규식을 파리 강화 회의에 파견하였다.

09 조선 후기 | 홍대용   난이도 상 ●●●

[자료 분석]
지구가 자전 + 우주 공간의 세계 밖에도 또 다른 별들이 있음 → 『의산문답』 → 홍대용

[정답 설명]
④ 홍대용은 『임하경륜』에서 양반들도 생산 활동에 종사할 것과 성인 남자에게 2결의 토지를 지급하자고 주장하였다.

[오답 분석]
① 이익: 나라를 좀먹는 여섯 가지의 사회 폐단을 지적한 인물은 이익이다.
② 박지원: 『열하일기』에서 선박과 수레의 이용을 강조한 인물은 박지원이다.
③ 유형원: 『반계수록』에서 신분에 따라 토지를 차등 있게 분배하자는 균전론을 주장한 인물은 유형원이다.

10 근대 | 화폐 정리 사업   난이도 중 ●●○

[자료 분석]
갑종 백동화는 새 돈으로 바꾸어 줌 + 병종 백동화는 사들이지 않음 → 화폐 정리 사업

[정답 설명]
② 화폐 정리 사업에서 한국인들이 소유한 화폐 중 상당수가 을종이나 병종으로 분류되어, 한국의 상인들이 경제적으로 큰 타격을 받았다.

[오답 분석]
① 화폐 정리 사업은 전환국이 아닌 탁지부의 주도로 시행되었다.
③ 화폐 정리 사업은 함경도 관찰사 조병식이 곡물 수출을 막는 방곡령을 선포(1889)한 이후인 1905년에 시행되었다.
④ 화폐 정리 사업으로 대한 제국의 백동화가 일본 제일은행권으로 교환됨으로써, 대한천일은행이 아닌 일본 제일은행이 중앙 은행의 역할을 하게 되었다.

제4회 정답·해설

정답 한눈에 보기

01	③	02	④	03	④	04	③	05	③
06	④	07	②	08	①	09	④	10	②
11	④	12	③	13	②	14	③	15	②
16	③	17	②	18	④	19	④	20	③

01 고대 | 지증왕 재위 기간의 사실   난이도 하 ●○○

자료 분석

이사부 + 우산국이 항복함 → 지증왕

정답 설명

③ 지증왕 때 수도인 경주에 시장을 감독하는 관청인 동시전이 설치되었다.

오답 분석

① 법흥왕: '건원'이라는 독자적인 연호를 사용한 것은 법흥왕 때이다.
② 소지 마립간: 국가 공문서를 송달하기 위해 사방에 우역을 처음으로 두었던 것은 소지 마립간 때이다.
④ 진흥왕: 인재 양성을 위해 화랑도를 국가적인 조직으로 개편한 것은 진흥왕 때이다.

02 현대 | 제8차 개헌안 시행 시기의 사실   난이도 중 ●●○

자료 분석

대통령은 대통령 선거인단에서 무기명 투표로 선거 + 대통령의 임기는 7년 → 제8차 개헌안(1980~1987)

정답 설명

④ 제8차 개헌안 시행 시기인 1985년에 남북 이산가족 고향 상봉이 성사되었다. 전두환 정부 때 남북 대화가 재개되어 남북 이산가족 고향 방문이 이루어져 최초의 이산가족 상봉과 남북 예술단 교환 공연이 성사되었다.

오답 분석

① 제5차 개헌안 시행 시기: 국민 교육 헌장이 선포된 것은 1968년으로, 제5차 개헌안 시행 시기의 사실이다(1962~1969).
② 제9차 개헌안 시행 시기: 남북한이 유엔에 동시 가입한 것은 1991년으로, 제9차 개헌안 시행 시기의 사실이다(1988~현재).
③ 제9차 개헌안 시행 시기: 경제 개발 협력 기구(OECD)에 가입한 것은 1996년으로, 제9차 개헌안 시행 시기의 사실이다(1988~현재).

03 고대 | 고대의 고분   난이도 중 ●●○

정답 설명

④ 옳은 것을 모두 고르면 ⓒ, ⓔ이다.
ⓒ 백제의 무령왕릉은 중국 남조의 영향을 받아 만들어진 벽돌무덤이다.
ⓔ 서울 석촌동 백제 고분은 고구려 초기 고분 양식의 영향을 받은 계단식 돌무지무덤으로 이를 통해 백제를 건국한 세력이 고구려와 관계가 있음을 알려 준다.

오답 분석

㉠ 천마총에서 천마도가 발견된 것은 맞지만, 굴식 돌방무덤이 아닌 돌무지덧널무덤으로 축조되었다.
㉢ 사신도가 그려진 강서 대묘는 돌무지무덤이 아닌 굴식 돌방무덤으로 축조되었다.

04 선사 시대 | 위만 집권 이후의 사실   난이도 하 ●○○

자료 분석

위만이 준왕을 공격함 + 준왕은 위만과 싸웠지만 상대가 되지 못함 → 위만 집권(기원전 194)

정답 설명

③ 연나라 장수 진개의 침입으로 랴오둥(요동) 지역의 영토를 상실한 것은 기원전 3세기 초로, 위만 집권 이전의 사실이다.

오답 분석

모두 위만 집권 이후의 사실이다.
① 고조선에 복속해 있던 예(濊)의 군장 남려가 한나라에 투항하자, 기원전 128년에 한나라는 고조선 지역에 창해군을 설치하였다.
② 한나라 무제의 공격으로 기원전 108년에 고조선이 멸망한 이후, 8조에 불과하던 법 조항이 60여 개로 늘어나 사회 풍속이 각박해졌다.
④ 고조선에 왔던 한나라 사신 섭하가 한나라로 돌아가는 길에 고조선의 관리를 살해하자, 고조선은 기원전 109년에 군대를 보내 요동동부위 섭하를 살해하였다.

05 현대 | 카이로 선언   난이도 중 ●●○

자료 분석

적당한 시기에 조선이 자유 독립할 것을 결의함 → 카이로 선언

정답 설명

③ 카이로 선언은 미국의 루스벨트, 영국의 처칠, 중국의 장제스가 이집트 카이로에 모여 회담을 한 후 발표되었으며, 적당한 시기에 조선을 자주 독립시킨다고 결의하였다.

① 고부 농민들이 고부 군수 조병갑의 수탈에 맞서 고부 군아를 습격하고 저수지인 만석보를 파괴한 것은 1894년 1월이다.
③ 동학 농민 교도들이 신앙의 자유를 위해 교조 최제우의 신원을 요구한 보은 집회가 개최된 것은 1893년 3월이다.
④ 전봉준이 백산에서 동학 농민군의 4대 강령을 발표한 것은 1894년 3월이다.

16 일제 강점기 | 1920년대의 사회·문화 난이도 중 ●●○

정답 설명

② 1920년대에는 김기진, 박영희 등의 신경향파 문인들이 카프(KAPF)를 결성하였다.

오답 분석

① 1910년대: 이광수가 매일신보에 우리나라 최초의 현대 장편 소설인 「무정」을 연재(1917)한 것은 1910년대의 사실이다.
③ 1930년대: 손기정 선수가 베를린 올림픽에서 마라톤 금메달을 획득(1936)한 것은 1930년대의 사실이다.
④ 1940년대: 서민의 주택난을 해결하기 위해 영단 주택이 등장(1941)한 것은 1940년대의 사실이다.

17 현대 | 정전 협정 난이도 중 ●●○

자료 분석

국제 연합군 총사령관, 조선 인민군 최고 사령관, 중국 인민 지원군 사령원이 서명 + 정전을 확립할 목적 → 정전 협정(휴전 협정, 1953)

정답 설명

③ 한국을 미국의 극동 방위선에서 제외한 애치슨 선언은 정전 협정 체결 이전인 1950년에 발표되었다.

오답 분석

① 정전 협정은 개성, 판문점 등에서 진행된 회담을 통해 체결되었다.
② 정전 협정에서는 소련을 제외한 4개국(스위스, 스웨덴, 체코슬로바키아, 폴란드) 중립국 감시 위원회의 구성에 합의하였다.
④ 정전 협정의 협상 과정에서 공산군 측은 군사 분계선 설정 문제에 대해 38도선을 경계로 휴전할 것을 요구하였다.

이것도 알면 합격!

정전 협정

정전 제의	전쟁이 확대될 것을 우려한 소련이 정전 제의(1951. 6.)
정전 회담	군사 분계선의 설정, 중립국 감시 기구의 구성, 전쟁 포로 처리 문제 등으로 지체
정전 반대 운동	국토 분단을 우려하며 정전 협정 체결에 반대한 이승만 대통령이 반공 포로를 석방(1953. 6.)
정전 협정 체결	판문점에서 유엔군 대표, 북한군 대표, 중국군 대표가 서명함으로써 정전 협정(휴전 협정) 체결(1953. 7.)

18 조선 후기 | 인조 재위 기간에 있었던 사실 난이도 중 ●●○

자료 분석

이괄이 군영에 있는 장수들을 위협하여 난을 일으킴 → 이괄의 난 → 인조

정답 설명

① 인조 재위 기간에 이괄의 난을 진압한 후 수도 외곽의 방어를 위해 총융청을 설치하였다. 총융청은 이후 북한산성을 중심으로 경기 북부 일대의 방어를 담당하였다.

오답 분석

② 현종: 서인과 남인이 효종과 효종비 사후에 자의 대비의 복상 기간을 둘러싸고 두 차례에 걸쳐 예송 논쟁을 전개한 것은 현종 때이다.
③ 광해군: 명나라의 요청에 따라 강홍립이 이끄는 부대가 파병된 것은 광해군 때이다.
④ 효종: 민간의 광산 개발 참여를 허용한 설점수세제가 처음 실시된 것은 효종 때이다.

19 고대 | 김춘추(태종 무열왕) 난이도 중 ●●○

자료 분석

백제가 대야성을 함락하자 딸인 고타소랑이 죽음 + 당에 들어가 군사를 요청함 → 김춘추(태종 무열왕)

정답 설명

② 김춘추(태종 무열왕)는 진골 출신으로는 최초로 신라의 왕이 되었다.

오답 분석

① 원광: 화랑이 지켜야 할 세속 오계를 제시한 인물은 원광이다.
③ 진흥왕: 대가야를 정벌하여 낙동강 유역을 확보한 인물은 진흥왕이다.
④ 김유신: 금관가야 왕족의 후손으로 황산벌에서 계백이 이끄는 백제군을 물리친 인물은 김유신이다.

20 조선 전기 | 사헌부 난이도 중 ●●○

자료 분석

관리를 감찰하고 풍속을 교정함 → 사헌부

정답 설명

④ 사헌부는 조선 시대에 관리의 비리 감찰 및 풍속 교정을 담당하였던 기구로, 발해의 중정대와 비슷한 기능을 수행하였다.

오답 분석

① 사간원: 장(長)이 정3품의 대사간이었던 기구는 간쟁과 논박을 관장한 사간원이다. 한편, 사헌부의 장(長)은 종2품의 대사헌이었다.
② 승정원: 은대·대언사라고 불린 기구는 왕명 출납을 담당한 승정원이다. 한편, 사헌부는 백부·상대 등으로 불렸다.
③ 의정부: 조선 시대에 재상들이 모여 국정을 총괄한 합의 기구는 의정부이다.

10 근대 | 대한 자강회 난이도 중 ●●○

자료 분석
자강을 위해 분발하여 협력하면 국권을 회복할 수 있음 + 국력을 양성할 방법은 교육과 산업의 발달임 → 대한 자강회

정답 설명
③ 대한 자강회는 전국 각지에 25개의 지회를 설치하고, 월보를 간행하였다.

오답 분석
① 신민회: 서울과 평양 등에 태극 서관을 설립하여 서적을 출판한 단체는 신민회이다.
② 보안회: 송수만, 심상진 등이 중심이 되어 결성된 단체는 보안회이다.
④ 독립 협회: 만민 공동회를 열어 러시아의 내정 간섭과 이권 침탈을 비판한 단체는 독립 협회이다.

11 조선 전기 | 임진왜란의 전개 과정 난이도 중 ●●○

정답 설명
② 시기순으로 나열하면 ㉠ 동래성 전투(1592. 4.) → ㉢ 한산도 대첩(1592. 7.) → ㉡ 진주 대첩(1592. 10.) → ㉣ 평양성 탈환(1593. 1.)이다.
㉠ 동래성 전투: 동래 부사 송상현이 동래성 전투에서 왜군에 항전하였다(1592. 4.).
㉢ 한산도 대첩: 이순신이 한산도 앞바다에서 학익진 전법으로 왜의 수군을 격퇴하였다(1592. 7.).
㉡ 진주 대첩: 진주 목사 김시민이 왜군에 맞서 진주성을 지켜냈다(1592. 10.).
㉣ 평양성 탈환: 유성룡과 명나라 장군 이여송이 이끄는 조·명 연합군이 평양성을 탈환하였다(1593. 1.).

12 고려 시대 | 묘청 난이도 하 ●○○

자료 분석
서경의 승려 + 국호를 '대위'라 하고 연호를 '천개'라 함 → (가) 묘청

정답 설명
② 묘청은 왕을 황제라 칭하고 연호를 사용하자는 칭제 건원과 금나라를 정벌할 것을 주장하였다.

오답 분석
① 이자겸: 척준경과 함께 난을 일으킨 인물은 이자겸이다. 이자겸은 자신의 딸들을 예종과 인종에게 시집 보냄으로써 권력을 독점하게 되었고 결국 왕위를 찬탈하고자 하였다.
③ 최충헌: 왕(명종)에게 봉사 10조의 개혁안을 제시한 인물은 최충헌이다. 최충헌은 이의민을 제거한 후, 무신 정권 초기의 혼란을 극복하고 국가 기반을 확립할 목적으로 명종에게 봉사 10조라는 사회 개혁안을 올렸다.
④ 각훈: 왕명에 따라 『해동고승전』을 편찬한 인물은 각훈이다.

13 현대 | 노태우 정부 시기의 사실 난이도 중 ●●○

자료 분석
대한민국과 중화 인민 공화국(중국)은 외교 관계를 수립하기로 합의 → 한·중 수교 → 노태우 정부

정답 설명
② 노태우 정부 때인 1991년에 고위급 회담을 통해 남북이 화해 및 상호 불가침, 교류·협력 확대 등을 합의한 남북 기본 합의서가 채택되었다.

오답 분석
① 박정희 정부: 한·일 기본 조약을 체결하여 일본과의 국교를 정상화한 것은 1965년으로, 박정희 정부 때이다.
③ 박정희 정부: YH 무역 노동자들이 부당한 폐업 조치에 저항하며 야당인 신민당사에서 농성을 전개한 것은 1979년으로, 박정희 정부 때이다.
④ 전두환 정부: 국민들의 대통령 직선제 요구를 거부하고 기존의 대통령 간선제를 유지하겠다는 4·13 호헌 조치가 발표된 것은 1987년으로, 전두환 정부 때이다.

14 일제 강점기 | 국가 총동원법 제정 이후 일제의 정책 난이도 하 ●○○

자료 분석
정부는 국가 총동원상 필요한 경우에 총동원 업무에 협력하게 할 수 있음 → 국가 총동원법(1938)

정답 설명
③ 일제는 국가 총동원법이 제정된 이후인 1941년에 초등 교육 기관의 명칭을 '황국 신민의 학교'를 의미하는 '국민학교'로 변경하였다.

오답 분석
모두 국가 총동원법 제정(1938) 이전의 사실이다.
① 일제가 서당 규칙을 발표하여 서당 설립을 허가제로 바꾸고 개량 서당을 탄압한 것은 1918년이다.
② 일제가 국내로 들어오는 일본 상품의 관세(주류 등 일부 품목 제외)를 철폐한 것은 1923년이다.
④ 일제가 소작 문제 해결을 위해 조선 농지령을 제정한 것은 1934년이다.

15 근대 | 전주 화약 체결 이후 전개된 사실 난이도 중 ●●○

자료 분석
정부와 동학 농민군이 전주에서 화약을 체결함 → 전주 화약(1894. 5.)

정답 설명
② 전주 화약 이후 일본군이 경복궁을 기습 점령하자 동학 농민군은 2차 봉기를 일으켜 서울로 향하였지만, 1894년 10월에 전개된 공주 우금치 전투에서 신식 무기로 무장한 관군 및 일본군 연합 부대에게 패배하였다.

오답 분석
모두 전주 화약 체결 이전의 사실이다.

정답 설명

① 대한 광복회는 박상진, 채기중 등을 중심으로 1915년에 조직된 단체로, 공화제 국가 수립을 지향하였다.

오답 분석

② 독립 의군부: 고종의 비밀 지령을 받아 임병찬이 의병과 유생을 규합하여 조직한 단체는 독립 의군부이다.

③ 대한민국 임시 정부: 비밀 행정 조직으로 연통제를 운영한 단체는 대한민국 임시 정부이다. 대한민국 임시 정부는 국내 항일 세력들과 연락하기 위해 비밀 행정 연락 조직인 연통제를 운영하였다.

④ 의열단: 신채호가 작성한 「조선혁명선언」을 활동 지침으로 삼은 단체는 의열단이다. 의열단은 개인의 폭력 투쟁을 통한 독립 쟁취를 주장하며, 5파괴(5가지의 파괴 대상) 7가살(7가지의 암살 대상)을 목표로 활동하였다.

05 시대 통합 | 조선 시대의 통치 기록   난이도 중 ●●○

정답 설명

④ 『조선왕조실록』은 기록의 독립성과 비밀성을 위하여 왕이더라도 자유롭게 열람할 수 없었다.

오답 분석

① 『일성록』은 정조가 세손 시절부터 쓴 일기가 공식 국정 기록으로 전환된 것으로 1910년까지의 국왕의 동정과 국정을 기록한 것이다.

② 『승정원일기』는 왕의 비서 기관인 승정원에서 취급한 문서와 왕의 일과 등을 기록한 것이다.

③ 『의궤』는 조선 시대에 왕실이나 국가에 큰 행사가 있을 때 후대에 참고할 수 있도록 관련 사실을 그림과 글로 정리한 기록물이며, 이두와 차자 및 우리의 고유한 한자어 연구에도 귀중한 자료이다.

06 근대 | 헐버트와 베델   난이도 중 ●●○

자료 분석

(가) 육영 공원에서 학생들을 가르침 + 『사민필지』를 저술함 → 헐버트
(나) 양기탁과 함께 대한매일신보를 창간함 → 베델

정답 설명

① (가), (나)에 들어갈 이름을 바르게 연결하면 (가) 헐버트, (나) 베델이다.

(가) 헐버트는 우리나라 최초의 근대식 관립 학교인 육영 공원의 교사로 초빙되어 학생들을 가르쳤으며, 세계 지리서인 『사민필지』를 저술하였다.

(나) 베델은 데일리메일의 특파원으로 내한한 영국인으로, 양기탁과 함께 대한매일신보를 창간하였다.

오답 분석

· 알렌: 알렌은 우리나라 최초의 서양식 병원인 광혜원의 설립을 건의하였다.

· 아펜젤러: 아펜젤러는 서울에 배재 학당을 설립하였다.

07 조선 후기 | 조선 후기 과학 기술의 발달   난이도 중 ●●○

정답 설명

② 제너의 종두법을 우리나라에 처음 소개한 인물은 지석영이 아닌 정약용이다. 한편, 지석영은 우리나라 최초로 종두법을 실시하였다.

오답 분석

① 조선 후기 효종 때 김육 등의 건의로 서양식 역법인 시헌력이 채택되었다.

③ 조선 후기 철종 때 최한기는 『지구전요』에서 지구의 자전과 공전을 주장하였다.

④ 조선 후기 인조 때 제주도에 표류한 박연(벨테브레)은 훈련도감에 소속되어 서양식 대포의 제조법을 가르쳤다.

08 고대 | 백강 전투와 매소성 전투 사이의 사실   난이도 상 ●●●

자료 분석

(가) 백강 어귀에서 왜국 병사를 만나 모두 이김 → 백강 전투(663)
(나) 당의 이근행이 매소성에 주둔 + 우리 군사(신라)가 공격하여 쫓아버림 → 매소성 전투(675)

정답 설명

③ 옳은 것을 모두 고르면 ⓒ, ⓒ이다.

ⓒ 부여융과 신라 문무왕은 665년에 웅진 취리산에서 화친을 맹세하였다.

ⓒ 신라 문무왕은 고구려 유민들을 금마저(익산)에 자리 잡게 하고, 674년에 안승을 보덕국의 왕으로 책봉하였다.

오답 분석

㉠ (가) 이전: 당이 백제의 옛 땅을 지배하고자 웅진(공주)에 웅진 도독부를 설치한 것은 660년으로, (가) 이전의 사실이다.

㉣ (나) 이후: 신라가 기벌포에서 설인귀가 이끄는 당군을 크게 물리친 것은 676년으로, (나) 이후의 사실이다.

09 고려 시대 | 고려 광종 재위 시기의 사실   난이도 하 ●○○

자료 분석

노비를 상세히 조사하고 살펴서 옳고 그름을 따져 밝혀내도록 명함 → 노비안검법 → 광종

정답 설명

④ 고려 광종 때는 광덕, 준풍 등의 독자적인 연호를 사용하여 자주 국가로서의 면모를 보였다.

오답 분석

① 고려 성종: 최승로가 건의한 시무 28조를 수용한 것은 고려 성종 때이다.

② 고려 정종: 광군을 조직하여 거란의 침입에 대비한 것은 고려 정종(3대) 때이다.

③ 고려 태조: 빈민을 구제하기 위한 기구로 흑창을 설치한 것은 고려 태조 때이다.

제3회 정답·해설

정답 한눈에 보기

01	③	02	③	03	②	04	①	05	④
06	①	07	②	08	③	09	④	10	③
11	②	12	②	13	④	14	③	15	②
16	②	17	③	18	①	19	②	20	④

---

01 고려 시대 | 영주 부석사 무량수전   난이도 중 ●●○

자료 분석

주심포 양식 + 팔작 지붕 + 배흘림 기둥 + 건물 내부에는 소조 아미타여래 좌상이 있음 → 영주 부석사 무량수전

정답 설명

③ 영주 부석사 무량수전은 고려 시대에 주심포 양식과 팔작 지붕, 배흘림 기둥 양식으로 지어진 목조 건축물로, 건물 내부에는 통일 신라의 전통 양식을 계승한 불상인 소조 아미타여래 좌상이 있다.

오답 분석

① 안동 봉정사 극락전: 고려 시대에 주심포 양식과 맞배 지붕 양식으로 지어진 목조 건축물로, 보수 공사 중에 공민왕 때 중수하였다는 상량문이 발견되어 우리나라에서 가장 오래된 목조 건축물로 보고 있다.
② 예산 수덕사 대웅전: 고려 시대에 주심포 양식과 맞배 지붕, 배흘림 기둥 양식으로 지어진 목조 건축물로, 백제 계통의 목조 건축 양식을 계승하였다.
④ 사리원 성불사 응진전: 고려 시대에 다포 양식과 맞배 지붕 양식으로 지어진 목조 건축물이다.

이것도 알면 합격!

고려 시대의 주요 불교 건축물

안동 봉정사 극락전	• 주심포 양식, 맞배 지붕 • 현존하는 우리나라의 가장 오래된 목조 건축물로 보고 있음
영주 부석사 무량수전	• 주심포 양식, 팔작 지붕 • 내부에 통일 신라의 전통 양식을 계승한 소조 아미타여래 좌상이 있음
예산 수덕사 대웅전	주심포 양식, 맞배 지붕
사리원 성불사 응진전	다포 양식, 맞배 지붕

---

02 선사 시대 | 부여와 삼한   난이도 하 ●○○

자료 분석

- (가) 의복은 흰색을 숭상 + 가뭄이나 장마가 계속되어 오곡이 익지 않으면 왕을 바꾸거나 죽여야 한다고 함 → 부여
- (나) 세력이 강대한 사람은 스스로 신지라 하고 그 다음은 읍차라고 함 + 5월과 10월에 제사를 지냄 → 삼한

정답 설명

③ 부여는 왕 아래에 가축 이름을 딴 마가, 우가, 저가, 구가 등의 가(加)들이 있었으며, 이들은 저마다 사출도라는 별도의 행정 구역을 통치하였다.

오답 분석

① 삼한: 죄를 지은 사람이 소도에 들어가면 잡아가지 못하였던 국가는 삼한이다. 천군이 주관하는 소도는 군장의 세력이 미치지 못하는 신성 지역으로, 죄를 지은 사람이 도망하여 이곳에 오면 잡아가지 못하였다.
② 고구려: 혼인을 한 후 신랑이 처가에 지은 서옥에 머무르는 혼인 풍습이 있었던 국가는 고구려이다.
④ 옥저: 사람이 죽으면 가매장한 다음 뼈만 추려 목곽에 안치하는 풍습이 있었던 국가는 옥저이다.

---

03 고대 | 성왕 재위 시기의 사실   난이도 중 ●●○

자료 분석

왕이 관산성을 공격함 + 고간 도도가 왕을 죽임 → 관산성 전투 → 성왕(523~554)

정답 설명

② 성왕 재위 시기에 노리사치계가 백제의 사신으로 왜에 건너가 불상과 불경을 전하였다.

오답 분석

① 문주왕: 장수왕의 남진 정책으로 한성이 함락되자, 도읍을 금강 유역의 웅진(공주)으로 옮긴 것은 문주왕 때이다.
③ 무령왕: 지방에 22개의 담로를 두고 왕족을 파견하여 지방에 대한 통제를 강화한 것은 무령왕 때이다.
④ 비유왕: 고구려의 평양 천도 등 남진 정책에 맞서 신라의 눌지 마립간과 나·제 동맹을 맺은 것 비유왕 때이다.

---

04 일제 강점기 | 대한 광복회   난이도 중 ●●○

자료 분석

풍기 광복단과 조선 국권 회복단의 일부 인사가 연합 + 박상진, 채기중 등을 중심으로 대구에서 조직 + 행형부 조직 → (가) 대한 광복회

17 근대 | 안중근　난이도 중 ●●○

자료 분석
이토 히로부미를 죽임 → 안중근

정답 설명
④ 안중근은 뤼순 감옥 안에서 동양 평화 실현을 위한 『동양평화론』을 집필하였다.

오답 분석
① 홍범도: 산포수들을 모아 의병을 구성한 인물은 홍범도이다. 홍범도는 차도선, 송상봉 등과 함께 포수들을 모아 산포대를 구성하고 함경도의 산수·갑산·북청 등에서 활약하였다.
② 안창호: 미국 샌프란시스코에서 흥사단을 조직한 인물은 안창호이다.
③ 나석주: 동양 척식 주식회사에 폭탄을 투척한 인물은 의열단원인 나석주이다. 동양 척식 주식회사는 조선의 토지와 자원을 수탈하고 일본인 농업 이민을 장려할 목적으로 설립된 국책 회사이다.

이것도 알면 합격!

안중근의 활동
- 1906년: 삼흥 학교 설립, 돈의 학교를 인수하여 경영
- 1907년: 국채 보상 운동에 참가, 연해주로 망명한 이후 의병 부대에 가담
- 1909년: 만주 하얼빈에서 초대 통감 이토 히로부미 사살
- 1910년: 중국 뤼순 감옥에서 순국

18 조선 후기 | 박제가의 저술　난이도 하 ●○○

자료 분석
물건을 이용할 줄 모르니 생산할 줄 모름 + 생산할 줄 모르니 백성이 나날이 궁핍해짐 → 박제가

정답 설명
① 박제가는 청에 다녀온 경험을 토대로 『북학의』를 저술하여 청의 선진 기술을 적극적으로 수용하고 상공업을 육성할 것 등을 주장하였다. 또한 『북학의』에서 청과의 통상을 확대하고 수레나 선박의 사용을 늘릴 것을 주장하였으며, 생산과 소비의 관계를 우물에 비유하여 소비를 권장하였다.

오답 분석
② 서호수: 『해동농서』를 저술한 인물은 서호수이다. 서호수는 『해동농서』에서 우리나라의 농학을 바탕으로 중국의 농업 기술도 포함하여 농학을 체계화하였다.
③ 정약용: 『목민심서』를 저술한 인물은 정약용이다. 정약용은 『목민심서』에서 지방관이 통치를 할 때 지켜야 할 책무와 통치 기술 및 통치 이념 등을 다루었다.
④ 홍대용: 『의산문답』을 저술한 인물은 홍대용이다. 홍대용은 『의산문답』에서 지전설과 무한 우주론을 주장하였으며, 이를 바탕으로 중국 중심의 화이론과 성리학적 세계관을 부정하였다.

19 고대 | 신라 촌락 문서　난이도 중 ●●○

자료 분석
서원경 부근 사해점촌을 비롯한 4개 촌락에 대한 문서 + 신라 장적 + 각 촌락의 인구 수, 토지 면적 등을 기록 → 신라 촌락 문서

정답 설명
② 신라 촌락 문서에서 인구는 남녀 모두 연령에 따라 6등급으로 나누어 파악하였다.

오답 분석
① 신라 촌락 문서는 1933년에 일본 도다이사 쇼소인에서 발견되었다.
③ 신라 촌락 문서는 호구와 달리 전답 면적의 증감은 기록되어 있지 않다.
④ 신라 촌락 문서는 토착 세력인 촌주가 변동 사항을 매년 조사하여 3년마다 작성하였다.

이것도 알면 합격!

신라 촌락 문서

발견	일본 도다이사 쇼소인(1933)
작성	촌주가 3년마다 작성(매년 호구의 감소만을 기재하는 추가 기록 존재)
내용	• 인구: 남녀를 각각 연령에 따라 6등급으로 구분 • 호(戶): 사람의 다소(多少)에 따라 9등급으로 구분 • 토지: 논, 밭 및 촌주위답, 연수유전답, 내시령답, 관모전답 등의 총면적 기재

20 일제 강점기 | 상하이 지역의 민족 운동　난이도 중 ●●○

자료 분석
1919년 9월 + 이승만을 대통령, 이동휘를 국무총리로 하는 대한민국 임시 정부 수립 + 임시 의정원 → (가) 상하이

정답 설명
② 상하이에서는 신규식, 박은식 등의 주도로 동제사가 조직되었다. 동제사는 박달 학원 설립 등 청년 교육에 주력하였다.

오답 분석
① 연해주: 국권 회복을 위해 한글 신문인 해조신문이 발간된 지역은 연해주이다.
③ 멕시코: 이근영 등의 주도로 독립군 양성 기관인 숭무 학교가 설립된 지역은 멕시코이다.
④ 일본: 유학생들이 중심이 되어 한국의 독립을 요구하는 2·8 독립 선언을 발표한 지역은 일본 도쿄이다.

11 고려 시대 | 고려 시대의 가족 제도   난이도 중 ●●○

자료 분석
이규보는 돌아가신 장인의 영전에 제사를 올림 → 고려 시대

정답 설명
① 고려 시대에 부모의 재산은 균분 상속으로 아들과 딸의 구분 없이 골고루 분배되었다.

오답 분석
② 조선 후기: 부계 위주의 족보가 편찬되었고 동성 마을을 형성한 것은 조선 후기의 사실이다.
③ 고려 시대의 여성은 비교적 자유롭게 재가할 수 있었고, 호주가 될 수 있었다.
④ 고려 시대에는 결혼할 때 여성이 데려온 노비에 대한 소유권은 여성에게 귀속되었다.

12 고대 | 을지문덕   난이도 하 ●○○

자료 분석
살수 + 수나라의 군대가 한꺼번에 허물어짐 → 살수 대첩 → (가) 을지문덕

정답 설명
② 을지문덕은 적장인 우중문에게 5언시인 '여수장우중문시'를 보냈다.

오답 분석
① 연개소문: 당의 침입에 대비하기 위하여 쌓은 천리장성의 축조를 감독한 인물은 연개소문이다.
③ 연개소문: 정변을 일으켜 영류왕을 제거하고, 보장왕을 옹립한 인물은 연개소문이다.
④ 김유신, 김춘추: 선덕 여왕 때 비담, 염종 등이 일으킨 반란을 진압한 인물은 김유신과 김춘추이다.

13 현대 | 6·25 전쟁의 전개 과정   난이도 중 ●●○

정답 설명
③ 순서대로 나열하면 ⓒ 인천 상륙 작전(1950. 9.) → ㉠ 1·4 후퇴(1951. 1.) → ⓛ 휴전 회담 시작(1951. 7.) → ㉢ 이승만 정부의 반공 포로 석방 조치(1953. 6.)가 된다.
ⓒ 인천 상륙 작전: 유엔군 총사령관 맥아더의 지휘 아래 유엔군과 국군이 인천 상륙 작전을 전개하였다(1950. 9.).
㉠ 1·4 후퇴: 유엔군과 국군이 압록강까지 진출하자 위기를 느낀 중국은 북한을 돕기 위해 대규모 군대를 파견하였고, 중국군의 공세로 유엔군과 국군은 서울을 다시 빼앗겼다(1951. 1.).
ⓛ 휴전 회담 시작: 전쟁이 확대될 것을 우려한 소련이 휴전을 제의하면서 휴전 회담이 시작되었다(1951. 7.).
㉢ 이승만 정부의 반공 포로 석방 조치: 이승만 정부는 정전 협정에 반대하며 반공 포로를 석방하는 조치를 실행하였다(1953. 6.).

14 조선 후기 | 『속대전』 편찬과 홍경래의 난 사이의 사실   난이도 하 ●○○

자료 분석
『속대전』 편찬(1746) → (가) → 홍경래의 난(1811)

정답 설명
④ (가) 시기인 1791년에 정조는 신해통공을 반포하여 육의전을 제외한 시전 상인의 금난전권(난전을 단속할 수 있는 권리)을 폐지하고, 사상의 자유로운 상업 활동을 보장하였다.

오답 분석
① (가) 이후: 우리나라 최초의 신부인 김대건이 순교한 것은 헌종 때인 1846년으로, (가) 시기 이후의 사실이다.
② (가) 이전: 용골산성에서 정봉수가 의병을 이끌고 항전한 것은 정묘호란 때인 1627년으로, (가) 시기 이전의 사실이다.
③ (가) 이전: 창덕궁에 임진왜란 때 조선을 도와준 명나라 신종을 기리는 대보단이 설치된 것은 숙종 때인 1704년으로, (가) 시기 이전의 사실이다.

15 일제 강점기 | 1910년대 일제의 경제 정책   난이도 중 ●●○

정답 설명
③ 옳은 것을 모두 고르면 ⓛ, ⓒ이다.
ⓛ 일제는 1910년에 회사령을 제정하여 회사의 설립을 총독의 허가제로 규정하고, 회사의 해산 또한 총독이 명할 수 있게 규정하였다.
ⓒ 일제는 1918년에 조선 임야 조사령을 제정하여 대부분의 임야를 국유지로 강제로 편입시켰다.

오답 분석
㉠ 1920년대: 일제가 신은행령을 공포(1928)하여 은행 설립 및 운영을 제한하고 한국인 소유의 중소 은행을 합병한 것은 1920년대의 사실이다.
㉢ 1930년대: 일제가 빈번하게 일어나는 소작 쟁의를 조정·억제하기 위해 조선 소작 조정령을 발표(1932)한 것은 1930년대의 사실이다.

16 고대 | 백제의 사회 모습   난이도 중 ●●○

자료 분석
관직에는 16품이 있음 + 좌평, 달솔, 은솔 → 백제

정답 설명
② 백제는 귀족들의 합의 기구인 정사암 회의에서 재상을 선출하고, 국가 중대사를 논의하여 결정하였다.

오답 분석
① 고구려: 경당에서 청소년에게 글과 활쏘기를 가르친 나라는 고구려이다.
③ 고구려: 진대법을 실시하여 빈민에게 곡식을 빌려주었던 나라는 고구려이다.
④ 신라: 골품에 따라 관등이나 관직 승진에 제한이 있었던 나라는 신라이다. 신라는 신분 제도로 골품제를 두어 각 골품마다 승진할 수 있는 관등의 상한선을 제한하였다.

[정답 설명]

② 지눌은 당시 타락한 불교계를 비판하며 이를 개혁하기 위해 수선사(순천 송광사)를 중심으로 독경, 선 수행, 노동 등 승려 본연의 자세로 돌아가자는 수선사 결사를 제창하였다.

[오답 분석]

① 균여: 귀법사의 초대 주지로 『보현십원가』 등을 저술하고 화엄 사상을 정비한 인물은 균여이다.
③ 보우: 원으로부터 선종의 일파인 임제종을 들여와 전파시킨 인물은 보우이다.
④ 의천: 고려·송·요·일본의 불교 자료를 수집하여 『신편제종교장총록』을 편찬한 인물은 의천이다.

06 고려 시대 | 우왕 대의 사실 난이도 중 ●●○

[자료 분석]

대군이 압록강을 건너서 위화도에 머무름 + 이성계가 군사를 돌이킴
→ 위화도 회군 → 우왕

[정답 설명]

④ 우왕 때인 1377년에 청주 흥덕사에서 『직지심체요절』이 간행되었다. 『직지심체요절』은 현존하는 세계 최고(最古)의 금속 활자본으로, 현재 프랑스 국립 도서관에 보관되어 있다.

[오답 분석]

① 충렬왕: 동녕부와 탐라총관부가 고려에 반환된 것은 충렬왕 때이다. 동녕부는 원이 자비령 이북 지역을 통치하기 위해 설치한 관청이고, 탐라총관부는 원이 제주도를 직접 관할하기 위하여 설치한 관청이다.
② 공민왕: 신돈을 등용하여 전민변정도감을 운영한 것은 공민왕 때이다. 전민변정도감은 권문세족에게 빼앗긴 토지를 원래 주인에게 돌려주고, 억울하게 노비가 된 자들을 풀어주기 위해 설치된 기구이다.
③ 공양왕: 군사 통솔 기관인 삼군도총제부가 설치된 것은 공양왕 때이다. 삼군도총제부는 이후 조선 태조 때 의흥삼군부로 개편되었다.

07 시대 통합 | 조선 시대의 신분 제도 난이도 하 ●○○

[정답 설명]

③ 조선 시대에 양반의 첩에게서 태어난 서얼은 서얼 금고법에 의해 문과에는 응시가 불가능했으나 무과나 잡과 등을 통해 관직에 진출할 수 있었다.

[오답 분석]

① 조선 시대 천민의 대다수를 차지한 노비는 재산으로 취급되어 매매·상속·증여의 대상이 되었다.
② 조선 시대에는 공노비에게 관품이 없는 관직을 뜻하는 유외잡직이라는 하급 기술직의 벼슬이 주어지기도 하였다.
④ 조선 시대의 신량역천(수군, 역졸, 봉수꾼 등)은 법제상 양인에 속하였지만 천역을 담당하였다.

08 근대 | 14개조 혁신 정강 난이도 중 ●●○

[자료 분석]

일본인에게 이용당함 + 김옥균 → 갑신정변 → 14개조 혁신 정강

[정답 설명]

④ 갑신정변을 일으킨 급진 개화파가 발표한 4개조 혁신 정강에는 흥선 대원군을 귀국시키고, 종래에 청에 행하던 조공의 허례를 폐지한다는 내용이 명시되어 있다.

[오답 분석]

① 폐정 개혁안 12개조: 7종의 천인 대우를 개선하고 백정이 쓰는 평량갓은 없애는 것은 동학 농민군이 발표한 폐정 개혁안 12개조 중 6조의 내용이다.
② 홍범 14조: 총명한 젊은이들을 파견하여 외국의 학술, 기예를 견습시킨다는 것은 고종이 반포한 홍범 14조 중 11조의 내용이다.
③ 헌의 6조: 국가의 재정은 탁지부에서 전담하고 예산과 결산은 인민에게 공포한다는 내용은 독립 협회가 결의한 헌의 6조 중 3조의 내용이다.

09 현대 | 좌·우 합작 7원칙 난이도 하 ●○○

[자료 분석]

조선의 좌·우 합작 + 7원칙을 결정 → 좌·우 합작 7원칙(1946. 10.)
(가) 조선 인민 공화국 선포(1945. 9.) ~ 제1차 미·소 공동 위원회 개최(1946. 3.)
(나) 제1차 미·소 공동 위원회 개최(1946. 3.) ~ 남조선 과도 입법 의원 창설(1946. 12.)
(다) 남조선 과도 입법 의원 창설(1946. 12.) ~ 5·10 총선거(1948. 5.)
(라) 5·10 총선거(1948. 5.) ~ 대한민국 정부 수립(1948. 8.)

[정답 설명]

② (나) 시기인 1946년 10월에 좌·우 합작 7원칙이 발표되었다. 좌·우 합작 7원칙의 주요 내용으로는 모스크바 3국 외상 회의 결정에 따른 민주주의 임시 정부의 수립과 미·소 공동 위원회의 속개 요청 등이 있다.

10 조선 전기 | 조선 전기의 대외 관계 난이도 상 ●●●

[정답 설명]

③ 북평관을 설치하여 맞이한 사절은 일본이 아닌 여진이다. 조선 전기에는 한성에 여진의 사절이 왕래할 수 있도록 북평관을 설치하였다. 한편, 일본 사신을 맞이하기 위해 설치한 것은 동평관이다.

[오답 분석]

① 조선 전기에는 명에 신년 축하를 위한 하정사, 명나라의 황제와 황후의 생일을 축하하기 위한 성절사 등을 파견하였다.
② 조선 전기에는 여진과의 국경 지역인 경성과 경원에 무역소를 설치하여 국경 무역을 하였다.
④ 조선 전기에는 류큐에 불경, 유교 경전, 범종 등을 전해주어 문화 발전에 기여하였다.

제2회 정답·해설

정답 한눈에 보기

01	③	02	③	03	①	04	④	05	②
06	④	07	③	08	④	09	②	10	③
11	①	12	③	13	③	14	④	15	③
16	②	17	④	18	①	19	②	20	②

01 고대 | 신문왕   난이도 중 ●●○

자료 분석
선왕(문무왕)이 감은사를 창건하려 했으나 끝내지 못하고 죽자 뒤이어 즉위하여 공사를 마무리함 → 신문왕

정답 설명
③ 신문왕은 장인인 김흠돌의 반란을 진압하고 이를 계기로 귀족 세력을 숙청하여 왕권을 강화하였다.

오답 분석
① 문무왕: 당나라를 몰아내고 삼국 통일을 완수한 왕은 문무왕이다.
② 경덕왕: 관리에게 직무의 대가로 지급하는 녹읍을 부활시킨 왕은 경덕왕이다. 한편, 신문왕은 관료전을 지급(687)하고, 녹읍을 폐지(689)하였다.
④ 성덕왕: 관리들이 지켜야 할 덕목을 담은 『백관잠』을 지은 왕은 성덕왕이다.

02 조선 전기 | 김종직   난이도 중 ●●○

자료 분석
제자 김일손이 사초 내에 부도덕한 말로 선왕조의 일을 기록 + 부관참시 → (가) 김종직

정답 설명
③ 김종직은 「조의제문」을 지어 세조의 왕위 찬탈을 비판하였다. 이후 제자인 김일손이 이 글을 『실록』의 초안인 「사초」에 기록한 것이 발단이 되어 무오사화가 일어났다.

오답 분석
① 조광조: 일종의 천거제인 현량과의 실시를 주장한 인물은 조광조이다. 현량과는 학문과 덕행이 뛰어난 인재를 천거한 후 대책만으로 시험하여 관리로 등용한 제도였는데, 이를 통해 신진 사림이 대거 등용되었다.
② 권근: 성리학 입문서인 『입학도설』을 저술한 인물은 권근이다. 『입학도설』은 성리학의 기본적인 지식을 쉽게 알리기 위하여 그림을 넣어 설명한 책이다.
④ 김시습: 우리나라 최초의 한문 소설집인 『금오신화』를 저술한 인물은 김시습이다.

03 시대 통합 | 시대별 교육 기관   난이도 중 ●●○

정답 설명
① 옳은 것을 모두 고르면 ㉠, ㉢이다.
㉠ 고려의 국자감은 국자학, 태학, 사문학의 유학부와 율학, 서학, 산학의 기술학부로 구성되었다.
㉢ 동문학은 통역관을 양성하기 위해 1883년에 정부가 설립한 외국어 교육 기관이다.

오답 분석
㉡ 조선 시대의 4부 학당은 지방이 아닌 중앙의 중등 교육 기관으로, 서울에 설치된 중학, 동학, 남학, 서학을 가리킨다. 한편, 조선 시대에는 지방의 유생들을 교육하기 위하여 향교, 서원 등이 설립되었다.
㉣ 한성 사범 학교 등: 고종의 교육 입국 조서 반포(1895)에 따라 설립된 관립 학교로는 한성 사범 학교 등이 있다. 한편, 원산 학사는 덕원 부사 정현석과 주민들이 기금을 모으는 등 관민이 합심하여 1883년에 설립한 최초의 근대적 사립 학교이다.

04 일제 강점기 | 의열단   난이도 중 ●●○

자료 분석
김익상이 조선 총독부에 들어가서 폭탄을 던짐 → 의열단

정답 설명
④ 의열단원의 일부가 1926년에 황포(황푸) 군관 학교에 입학하여 정치·군사 훈련을 받았다.

오답 분석
① 대한민국 임시 정부: 구미 위원부를 설치하여 외교 활동을 전개한 단체는 대한민국 임시 정부이다. 대한민국 임시 정부는 구미 위원부를 통해 미국 시민들을 상대로 한국의 독립 문제를 여론화하는 등의 활동을 전개하였다.
② 한인 애국단: 침체된 임시 정부에 활력을 불어넣기 위해 김구가 조직한 단체는 한인 애국단이다. 한편, 의열단은 1919년 만주 길림에서 김원봉, 윤세주 등이 조직한 단체이다.
③ 신민회: 서간도 삼원보에 신흥 강습소를 설립하여 독립군을 양성한 단체는 신민회이다. 신흥 강습소는 이회영 등의 신민회 인사들이 독립군 양성을 위해 서간도 지역에 설치한 것으로, 1919년에 신흥 무관 학교로 개편되었다.

05 고려 시대 | 지눌   난이도 중 ●●○

자료 분석
정(定)은 본체이고 혜(慧)는 작용 → 정혜쌍수 → 지눌

오답 분석

① 세조: 6조 직계제를 부활시켜 왕권을 강화한 왕은 세조이다. 세조는 6조의 업무를 의정부를 거치지 않고 직접 왕에게 재가를 받도록 하는 6조 직계제를 부활시킴으로써 국왕 중심의 통치 체제를 강화하였다.

② 세종: 압록강 지역에 최윤덕을, 두만강 지역에 김종서를 파견하여 여진족을 몰아내고 4군 6진을 설치한 왕은 세종이다.

③ 태종: 주자소를 설치하고 구리로 계미자를 주조한 왕은 태종이다.

16 조선 후기 | 조선 후기의 문화   난이도 중 ●●○

자료 분석
양반이란 것은 결국 한 푼 값어치도 못 됨 → 「양반전」 → 조선 후기

정답 설명
④ 서거정이 민간에 떠도는 한담을 모은 『필원잡기』를 편찬한 것은 성종 때인 1487년으로, 조선 전기의 사실이다.

오답 분석
① 조선 후기에는 중인층이 시사를 조직하고, 자신들의 시를 모은 시집을 편찬하는 등 활발한 문학 활동을 전개하였다.

② 조선 후기에는 형식에 구애 받지 않고 남녀 간의 사랑이나 현실에 대한 비판 등 평민의 감정을 솔직하게 표현한 사설시조가 유행하였다.

③ 조선 후기에는 화엄사 각황전, 법주사 팔상전 등의 건축물이 건립되었다.

17 고려 시대 | 이자겸의 난 이후의 사실   난이도 하 ●○○

자료 분석
이자겸, 척준경이 궁궐을 불태움 + 왕을 위협하여 남궁으로 거처를 옮김 → 이자겸의 난(1126)

정답 설명
③ 동북 지역에 설치한 9개의 성을 여진에 돌려준 것은 1109년으로, 이자겸의 난 이전의 사실이다.

오답 분석
모두 이자겸의 난 이후에 전개된 사실이다.

① 공민왕 때인 1356년에 유인우, 이자춘이 쌍성총관부를 공격하여 철령 이북 지역을 수복하였다.

② 박위는 창왕 때인 1389년에 왜구의 소굴인 쓰시마 섬(대마도)을 공격하였다.

④ 몽골에 저항하던 고려 정부는 원종 때인 1270년에 개경으로 환도하였다.

18 일제 강점기 | 민립 대학 설립 운동   난이도 중 ●●○

자료 분석
유능한 인물을 양성하려면 최고 학부의 존재가 가장 필요함 → 민립 대학 설립 운동

정답 설명
④ 민립 대학 설립 운동은 일제의 식민지 차별 교육에 대항하여 우리 민족의 힘으로 대학을 설립하고자 이상재 등을 중심으로 '한민족 1천만이 한 사람이 1원씩'이라는 구호 아래 모금 운동을 전개한 운동이다.

오답 분석
① 물산 장려 운동: 일제의 관세 철폐 정책에 대항하여 조만식 등을 중심으로 평양에서 시작한 운동은 물산 장려 운동이다.

② 민립 대학 설립 운동이 시작된 것은 1920년대 초로, 사립 학교령 공포(1908)와 관련이 없다.

③ 광주 학생 항일 운동: 신간회에서 진상 조사단을 파견한 운동은 광주 학생 항일 운동이다. 광주 학생 항일 운동은 신간회에서 진상 조사단 파견 이후 민중 대회를 개최하여 후원하려 하였으나 일본의 탄압으로 실패하였다.

19 조선 전기 | 향교   난이도 중 ●●○

정답 설명
③ 지방의 군현에 있던 유일한 관학인 향교는 군현의 규모와 인구에 비례하여 90명~30명으로 차등을 두어 정원을 배정하였다.

오답 분석
① 서원: 흥선 대원군에 의해 대부분 철폐된 것은 서원이다.

② 향교에는 양인의 자제만 입학이 허용되었으며, 천민은 입학할 수 없었다.

④ 성균관: 성적 우수자에게 문과의 초시가 면제되었던 것은 성균관이다.

20 현대 | 현대사의 전개   난이도 중 ●●○

자료 분석
유엔 총회에서 남북한 총선거를 실시할 것을 결정(1947. 11.) → (가) → 제헌 국회에서 헌법 제정(1948. 7. 17.)

정답 설명
④ (가) 시기인 1948년 2월에 김구는 남한만의 단독 정부 수립에 반대하며 '삼천만 동포에게 읍고함'이라는 글을 발표하였다.

오답 분석
① (가) 이후: 친일파 청산을 위해 반민족 행위 특별 조사 위원회(반민특위)가 설치된 것은 1948년 10월로, (가) 시기 이후의 사실이다.

② (가) 이후: 귀속 재산 처리를 위한 귀속 재산 처리법이 제정된 것은 1949년 12월로, (가) 시기 이후의 사실이다.

③ (가) 이전: 이승만이 정읍에서 남한의 단독 정부 수립을 주장한 것은 1946년 6월로, (가) 시기 이전의 사실이다.

10 고대 | 발해 문왕   난이도 중 ●●○

자료 분석

무왕의 아들 + 대흥 + 도읍을 상경으로 옮김 → (가) 문왕

정답 설명

② 문왕은 불교의 이상적인 군주인 전륜성왕이라 자처하였으며, 황제를 의미하는 황상, 대왕 등의 칭호를 사용하였다.

오답 분석

① 선왕: 대부분의 말갈족을 복속시키고 5경 15부 62주의 지방 체제를 완비하는 등 해동성국이라고 불릴 만큼 전성기를 이룬 왕은 선왕이다.
③ 무왕: 당이 흑수말갈과의 연결을 시도하며 발해를 견제하자 장문휴를 보내 당의 산둥 반도를 공격하게 한 왕은 무왕이다.
④ 고왕: 고구려 유민과 말갈족을 이끌고 동모산에 도읍을 정한 왕은 고왕(대조영)이다.

11 현대 | 전두환 정부 시기의 사실   난이도 중 ●●○

자료 분석

현행 헌법에 따라 정부를 이양함 + 소모적인 개헌 논의를 지양할 것을 선언함 → 4·13 호헌 조치 → 전두환 정부

정답 설명

② 전두환 정부 시기에 사회 유화 정책의 일환으로 중고생의 두발과 교복 자율화를 실시하였다.

오답 분석

① 이승만 정부: 미국의 원조 물품인 밀, 원당, 목화를 원료로 한 제분·제당·면방직 사업의 삼백 산업이 발달한 것은 이승만 정부 시기의 사실이다.
③ 김대중 정부: 노사정 위원회를 설치하고 금 모으기 운동을 전개하는 등의 노력을 통해 국제 통화 기금(IMF)의 지원금을 조기 상환한 것은 김대중 정부 시기의 사실이다.
④ 노무현 정부: 일제 강점기의 친일 반민족 행위를 조사하는 목적으로 친일 반민족 행위 진상 규명 위원회가 조직된 것은 노무현 정부 시기의 사실이다.

12 일제 강점기 | 2·8 독립 선언 발표와 정우회 선언 발표 사이의 사실   난이도 중 ●●○

자료 분석

2·8 독립 선언 발표(1919) → (가) → 정우회 선언 발표(1926)

정답 설명

③ (가) 시기인 1920년에 홍범도의 대한 독립군, 최진동의 군무 도독부군 등의 독립군 연합 부대가 봉오동 전투에서 일본군에 승리하였다.

오답 분석

① (가) 이후: 여성 운동 단체인 근우회가 조직된 것은 1927년으로, (가) 시기 이후의 사실이다.
② (가) 이후: 한인 애국단 단원인 이봉창이 도쿄에서 일왕 히로히토에게 폭탄을 투척한 것은 1932년으로, (가) 시기 이후의 사실이다.
④ (가) 이전: 하와이에서 군사 양성 기관인 대조선 국민 군단이 창설된 것은 1914년으로, (가) 시기 이전의 사실이다.

13 일제 강점기 | 신채호   난이도 중 ●●○

자료 분석

묘청 등이 패하고 김부식이 승리함 + 1000년 동안의 제일 대사건 → 『조선사연구초』 → 신채호

정답 설명

① 신채호는 『독사신론』을 저술하여 역사 서술의 주체를 우리 민족으로 보고 일본의 식민 사관을 비판함으로써 민족주의 사학의 방향을 제시하였다.

오답 분석

② 이병도, 이윤재 등: 진단 학회의 결성을 주도한 인물은 이병도와 이윤재 등의 실증주의 사학자들이다.
③ 백남운: 『조선사회경제사』에서 한국사도 세계사의 보편적인 발전 과정을 거쳐왔음을 증명하여 식민 사학의 정체성론을 반박한 인물은 백남운이다.
④ 박은식: 국가의 구성 요소를 국혼(국어, 국문, 국사 등)과 국백(군대, 함선, 기계 등)으로 나누었던 인물은 박은식이다.

14 시대 통합 | 이상설   난이도 중 ●●○

자료 분석

이준이 헤이그 평화 회의에 참석할 것을 상의하자 그 뜻을 따름 + 성명회를 조직함 → 이상설

정답 설명

② 이상설은 북간도 용정에 민족 교육 기관인 서전서숙을 설립하였다.

오답 분석

① 이회영, 이상룡 등: 서간도에서 독립 운동 단체인 경학사를 조직한 인물은 이회영, 이상룡 등이다.
③ 김구, 이동녕 등: 개인과 개인, 민족과 민족, 국가와 국가 간의 완전균등을 표방한 '삼균주의'에 입각한 한국 국민당을 결성한 인물들은 김구, 이동녕 등이다.
④ 유길준: 서양 근대 문물을 소개한 『서유견문』을 저술한 인물은 유길준이다.

15 조선 전기 | 성종   난이도 하 ●○○

자료 분석

『동문선』이라고 이름을 내림 → 성종

정답 설명

④ 성종은 조선의 기본 법전으로 「이전」·「호전」·「예전」·「병전」·「형전」·「공전」의 6전 체제로 구성된 『경국대전』을 완성·반포하였다.

과이다. 일제는 한·일 신협약의 부수 각서를 통해 대한 제국 군대를 해산시키고 군사권을 장악하였다.

③ **제1차 한·일 협약**: 메가타를 재정 고문으로 초빙한 것은 제1차 한·일 협약(1904) 체결 결과이다.

④ **기유각서**: 대한 제국의 사법권이 박탈된 것은 기유각서(1909) 체결 결과이다.

이것도 알면 합격!

을사늑약

내용	• 대한 제국의 외교권 박탈 • 통감부를 설치하여 통감 정치 시행
저항	• 항일 순국: 민영환, 조병세 등이 자결 • 5적 암살단 조직: 나철과 오기호는 을사 5적(박제순, 이지용, 이근택, 이완용, 권중현)의 처단을 시도 • 항일 언론: 장지연은 '시일야방성대곡'이라는 논설을 황성신문에 게재하여 일제 규탄 • 을사의병 전개: 민종식, 최익현 등이 활약

06 고대 | 신라의 문화유산 　 난이도 하 ●○○

정답 설명

④ 분황사지 모전 석탑은 신라 상대에 돌을 벽돌 모양으로 다듬어 쌓은 탑으로, 선종과는 관련이 없다. 한편, 신라 하대에 유행한 선종의 영향을 받은 탑으로는 쌍봉사 철감선사탑, 흥법사 염거화상탑 등이 있다.

오답 분석

① 첨성대는 선덕 여왕 때 천체 관측을 위해 만들어진 천문대로, 동양에서 현존하는 가장 오래된 천문 관측 시설이다.

② 천마총은 나무 널에 시신을 안치하고 그 위에 냇돌을 쌓은 후 흙을 덮는 구조로 조성한 돌무지덧널무덤 양식으로 만들어졌다.

③ 불국사 삼층 석탑(석가탑)의 보수 과정에서 세계에서 가장 오래된 목판 인쇄물인 『무구정광대다라니경』이 출토되었다.

07 고려 시대 | 최승로와 이제현 　 난이도 중 ●●○

자료 분석

(가) 5대 조정에서 본받을 만하고 경계할 만한 것을 조목별로 아뢰고자 함 → 5조 정적평 → 최승로
(나) 『역옹패설』 → 이제현

정답 설명

④ 이제현은 공민왕 때 고려 태조에서 숙종 때까지 역대 임금의 치적을 정리한 『사략』을 저술하였다.

오답 분석

① **최충**: '해동공자'라 불렸으며 9재 학당을 설립하여 인재를 양성한 인물은 최충이다.

② **안향**: 원나라에 다녀온 뒤 충렬왕 때 성리학을 우리나라에 처음 소개한 인물은 안향이다.

③ **이승휴**: 단군을 시작으로 우리나라와 중국의 역사를 운율시 형식으로 서술한 『제왕운기』를 저술한 인물은 이승휴이다.

08 조선 후기 | 대동법 　 난이도 하 ●○○

자료 분석

이원익의 건의 + 토지에서 미곡을 거둠 + 먼저 경기에서 시작 → 대동법

정답 설명

③ 재정 감소분을 결작, 선무군관포 등으로 보충한 것은 대동법이 아닌 영조 때 시행한 균역법이다.

오답 분석

모두 대동법에 대한 설명이다.

① 대동법은 중앙 관청의 서리나 상인들이 공물을 대신 내고 그 대가를 많이 챙기는 방납의 폐단을 개선하기 위해 실시되었다.

② 대동법을 관리하는 기관으로 선혜청이 설치되었다.

④ 대동법은 관청에 물품을 조달하는 공인이 등장하는 계기가 되었다. 공인의 활동이 활발해지면서 지방의 장시와 상품 화폐 경제가 발달하게 되었다.

09 근대 | 근대 문물의 수용 　 난이도 상 ●●●

자료 분석

(가) 거문도 사건 발발(1885) ~ 아관 파천(1896)
(나) 아관 파천(1896) ~ 을사늑약 체결(1905)

정답 설명

② (나) 시기인 1898년에 고딕 양식 건축물인 명동 성당이 완공되었다.

오답 분석

① **(나) 시기**: 서대문에서 청량리 사이의 전차 운행이 시작된 것은 1899년으로, (나) 시기의 사실이다.

③ **(가) 이전**: 우리나라 최초의 근대식 무기 제조 공장인 기기창이 설립된 것은 1883년으로, (가) 시기 이전의 사실이다.

④ **(나) 이후**: 우리나라 최초의 서양식 극장인 원각사가 건립된 것은 1908년으로, (나) 시기 이후의 사실이다.

이것도 알면 합격!

근대 문물 수용

전등	경복궁 건청궁에 처음 가설(1887)
전차	서대문에서 청량리 사이의 전차 운행 시작(1899)
철도	• 서울과 인천을 연결하는 경인선 개통(1899) • 서울과 부산을 연결하는 경부선 개통(1905) • 서울과 신의주를 연결하는 경의선 개통(1906)
건축	• 독립문 완공(1897) • 고딕 양식의 건축물인 명동 성당 완공(1898) • 우리나라 최초의 서양식 극장인 원각사 건립(1908) • 덕수궁 석조전 완공(1910)
시설	• 근대식 무기를 제조하는 기기창 설립(1883) • 화폐를 주조하는 전환국 설립(1883) • 출판 사무를 담당하는 박문국 설립(1883)

제1회 정답·해설

▶ 정답 한눈에 보기

01	③	02	①	03	①	04	②	05	②
06	④	07	④	08	③	09	②	10	②
11	②	12	③	13	①	14	②	15	④
16	④	17	③	18	④	19	③	20	④

01 근대 | 최익현   난이도 중 ●●○

자료 분석
호는 '면암' + 을사늑약이 체결되자 임병찬 등과 의병을 일으킴 + 대마도에서 굶어 죽음 → (가) 최익현

정답 설명
③ 최익현은 일본이 서양과 다를 바 없다는 왜양 일체론을 주장하며 개항 반대 운동을 전개하였다.

오답 분석
① 박규수: 대동강으로 침입한 제너럴셔먼호를 불태운 인물은 박규수이다. 당시 평안도 관찰사였던 박규수는 평양 군민들과 함께 화공 작전으로 제너럴셔먼호를 불태웠다.
② 장지연: 민족 의식을 고취하는 '시일야방성대곡'을 발표한 인물은 장지연이다. 을사늑약이 체결되자 장지연은 '시일야방성대곡'이라는 논설을 황성신문에 게재하여 일제를 규탄하였다.
④ 이항로: 『화서아언』에서 프랑스와의 통상을 반대한 인물은 이항로이다.

02 선사 시대 | 선사 시대의 유물과 사회 모습   난이도 하 ●○○

정답 설명
① 옳은 것을 모두 고르면 ㉠, ㉡이다.
㉠ 이른 민무늬 토기를 사용한 신석기 시대에는 가락바퀴나 뼈바늘을 이용하여 옷이나 그물을 만들었다.
㉡ 슴베찌르개를 사용한 구석기 시대에는 채집과 사냥을 하며 이동 생활을 하였기 때문에 주로 동굴이나 바위 그늘, 강가의 막집에 거주하였다.

오답 분석
㉢ 검은 간 토기가 사용된 시기는 청동기 시대부터 초기 철기 시대이고, 아직 지배와 피지배 관계가 발생하지 않은 평등 사회는 구석기 시대와 신석기 시대이다.
㉣ 반달 돌칼이 사용된 시기는 청동기 시대로, 청동제 농기구가 아닌 석제 농기구나 나무로 제작한 농기구를 사용하였다.

03 조선 후기 | 훈련도감   난이도 중 ●●○

자료 분석
삼수미를 거두어 병사들의 식량으로 삼음 → (가) 훈련도감

정답 설명
① 훈련도감은 임진왜란 중인 1593년에 유성룡의 건의로 설치되었으며, 포수(조총)·살수(창·검)·사수(활)의 삼수병으로 조직되었다.

오답 분석
② 별기군: 일본인 교관을 초빙하여 군사 훈련을 받은 부대는 신식 군대인 별기군이다.
③ 금위영: 5군영 중에 가장 마지막에 설치된 부대는 금위영이다. 숙종 때 국왕 호위와 수도 방위를 위해 금위영이 설치되면서 조선 후기 5군영 체제가 완성되었다.
④ 장용영: 국왕의 친위 부대로 수원 화성에 외영을 두었던 부대는 정조 때 조직된 장용영이다.

04 고대 | 삼국 시대의 주요 사건   난이도 하 ●○○

정답 설명
② 시기순으로 바르게 나열하면 ㉢ 고구려의 서안평 점령(311) → ㉣ 신라와 백제의 결혼 동맹 체결(493) → ㉡ 백제의 사비 천도(538) → ㉠ 대가야 멸망(562)이다.
㉢ 고구려의 서안평 점령: 고구려 미천왕은 중국이 5호 16국 시대로 인해 혼란스러운 틈을 타 서안평을 점령(311)하였다.
㉣ 신라와 백제의 결혼 동맹 체결: 신라 소지 마립간과 백제 동성왕은 결혼 동맹을 체결(493)하여 나·제 동맹을 강화하였다.
㉡ 백제의 사비 천도: 백제 성왕은 웅진(공주)에서 대외 진출에 유리한 사비(부여)로 천도(538)하였다.
㉠ 대가야 멸망: 신라 진흥왕은 이사부 등을 파견하여 고령 지역의 대가야를 멸망(562)시켰다.

05 근대 | 을사늑약   난이도 중 ●●○

자료 분석
우리(대한 제국)의 외교권을 빼앗음 → 을사늑약(1905)

정답 설명
② 을사늑약의 체결 결과 대한 제국의 외교권이 박탈되었고, 서울에 통감부가 설치되어 일제의 대한 제국 내정에 대한 간섭이 심화되었다.

오답 분석
① 한·일 신협약: 대한 제국 군대가 해산된 것은 한·일 신협약(1907) 체결 결

2025 최신개정판

해커스공무원
FINAL
봉투모의고사 한국사

약점 보완 해설집

해커스공무원

공무원 9급 공개경쟁채용 필기시험 모의고사 답안지

컴퓨터용 흑색사인펜만 사용